Schopenhauer zum Vergnügen

Schopenhauer zum Vergnügen

»Man muß nur hübsch alt werden; da giebt sich Alles«

Herausgegeben von
Ludger Lütkehaus

Mit 10 Abbildungen

Philipp Reclam jun. Stuttgart

Für Tini und Gerd Haffmans

Universal-Bibliothek Nr. 18196

Umschlaggestaltung von Stefan Schmid, Stuttgart
Gesamtherstellung: Reclam, Ditzingen. Printed in Germany 2002
RECLAM und UNIVERSAL-BIBLIOTHEK sind eingetragene Marken
der Philipp Reclam jun. GmbH & Co., Stuttgart
ISBN 3-15-018196-8

www.reclam.de

Inhalt

Von der spaaßhaftesten aller möglichen Welten

Wenn Schopenhauer gegen die »Spaaßphilosophen« und die »Spaaßphilosophie« zu Felde zieht, dann ist das eine sehr ernste Sache, und zwar auf allen Ebenen der Polemik, die bei ihm in der Tat dem Wortsinn nach geistige Kriegführung ist.

Zunächst ist »die, seit einigen Jahren, methodisch betriebene Verhunzung der deutschen Sprache« zu rügen. Denn die neue »Orthographie« der »Jetztzeit« – welcher Hohn auf eine Rechtschreibung, die ihren Namen verdiente! –, der nichts mehr angelegen ist als die Silben- und Buchstabenknickerei, hat aus dem veritablen »Spaaß« den »Spaß« gemacht, etwas unverantwortlich Kurzes also. Denn: »Schreibt ihr Spaß, so müßt ihr es aussprechen, wie naß, Baß, daß, laß', Faß, Haß, Gaß. –«* Eine unerfreuliche Reimnachbarschaft, von »Spaß« bis »Haß« – es sei denn, eine nur schwer erschütterbare Heiterkeit machte zum »Spaß« mit einem »Faß« die »Gaß« »naß« ...

Noch viel trister ist es aber um die »Spaaßphilosophie« selber bestellt, jene Form der Philosophie, nicht des Philosophierens, die an den von Schopenhauer so inständig geschmähten deutschen Universitäten und auf deren Kathedern heimisch ist. Nicht, daß sie etwa ihrerseits besonders spaaßhaft, heiter oder witzig wäre, im

* Arthur Schopenhauer, *Ueber die, seit einigen Jahren, methodisch betriebene Verhunzung der deutschen Sprache*, hrsg. von Ludger Lütkehaus, Freiburg i. Br. 1997, S. 39.

Gegenteil! Gespreizte Wichtigtuerei, prätentiöser Tiefsinn, hohler Bombast sind in der Professorenphilosophie der Philosophieprofessoren zu Hause. »Hochkomisch«, das allerdings »in seltenem Grade«, wird sie nur »durch den Kontrast der Höhe des vorgeblichen mit der Niedrigkeit des wirklichen Zwecks«.* Recht besehen, gibt es eigentlich keine andere Disziplin, die so bierernst wäre wie die an deutschen Universitäten methodisch betriebene »Spaaßphilosophie«, ihr einziger Vorzug, daß man sich auf ihre Kosten den verdienten Spaaß machen kann. Ihre Vertreter darf man getrost zu der von Jean Paul so präzise gefaßten Gruppe der »passiven Humoristen« rechnen.

Nicht mit, sondern zum Spaaß philosophierend, huldigt sie in einem anderen als dem üblichen Sinn einer »Philosophie-Als-Ob«, dem Fiktionalismus. Sie obliegt der edlen Kunst der »Spiegelfechterei«. Indem sie es mit der Philosophie nicht ernst meint, ohne es deswegen spaaßhaft zu meinen, spielt sie Komödie, mehr: Sie ist eine einzige Komödie, zu der das hörende Publikum in Form von anfangs noch bildungswilligen, aber bald erfolgreich geistig derangierten Studenten während der Vorlesungen Zugang bekommt – um, wie etwa der Student Schopenhauer im Kolleg des berühmten Herrn Professors Fichte, angesichts eines Ichs, das ist, weil es sich setzt, und sich setzt, weil es ist, mit einer »Wissenschaftsleere« Bekanntschaft zu machen, in der »nur das reine Licht«, nicht aber die »Talglichte ... in die Sichtbarkeit« treten.

Unter solch einschränkenden Bedingungen der Mög-

* Arthur Schopenhauer, *Werke in fünf Bänden*, nach den Ausgaben letzter Hand hrsg. von Ludger Lütkehaus, 5. Aufl., Zürich 2000, Bd. 3, S. 195.

lichkeit von Erkenntnis, die der philosophische Volksmund mit einem leicht mißverständlichen Begriff »transzendental« zu nennen pflegt, ist es kein Wunder, daß auch bei den anderen universitätsphilosophischen Lichtbringern von der idealistischen Konfession die »Wissenschaftsleere« herrscht, in der die liebe Seele und der liebe Gott unverhofft Urstände feiern können, als ob es die kritische Philosophie nicht gegeben hätte. In einem Ausmaß, das selbst die Scholastik gottseligen Angedenkens in den Schatten stellt, ist die »mit hundert Absichten und tausend Rücksichten belastete«, von der »Furcht des Herrn, dem Willen des Ministeriums, den Satzungen der Landeskirche« (und den Konkordanzen der Konkordate) bestimmte »Spaaßphilosophie« »ancilla theologiae«, die Magd einer in jedem Sinn »spekulativen Theologie«.

Nichts liegt ihr weniger am Herzen als das, was einer Philosophie, die diesen Namen verdiente, am meisten am Herzen liegen müßte: »daß ein Lichtstrahl fiele auf das Dunkel unseres Daseyns und irgend ein Aufschluß uns würde über diese räthselhafte Existenz, an der nichts klar ist, als ihr Elend und ihre Nichtigkeit«*. Weder ist vom Ernst des Lebens noch dem der Philosophie irgendeine Spur und noch weniger irgendein Licht, nicht einmal ein Talglicht, das im Dunkel des »reinen Lichts« wenigstens etwas Helligkeit verbreiten könnte. Die Bretter, auf denen die Katheder stehen und die Iche der Wissenschaftsleerstuhlinhaber sich beizeiten gesetzt haben, um die bierernste Komödie der »Spaaßphilosophie« zu tragieren, sind gerade nicht diejenigen, die die Welt (als Wille und Vorstellung) bedeuten.

* Ebd., Bd. 2, S. 189.

Soweit Schopenhauers Glossen auf die Universitäts- als »Spaaßphilosophie«. Und man kann sie nicht einfach, wie es der Brauch ist, als die Ressentimentsbekundungen eines philosophischen Fuchses abtun, dem die süßen Trauben dieser Philosophie zu seinem tiefen Mißvergnügen zu hoch gehangen hätten. Die unmittelbarsten, in Tat und Wahrheit direktesten Kommentare sind die des Studenten Schopenhauer – lange vor seiner Kollision mit dem philosophischen Ober-»Scharlatan« und »Unsinnschmierer« Hegel, der selbst Fichte, Schelling und Konsorten in den Schatten stellt, unabhängig auch von Schopenhauers durchschlagendem Mißerfolg als Universitätslehrer. Seine kommentierten Kollegmitschriften sind ein ebenso lebhaftes wie belebendes Dokument. Ein ganz eigener Dialog entfaltet sich da.

Mit der Konfrontation einer sowohl humor- und witzlosen als auch unernsten, uneigentlichen, komödiantisch-spiegelfechterischen »Spaaßphilosophie« auf der einen Seite, auf der anderen einer höchst ernstlich gemeinten Philosophie, die sich mit der ersteren ihren Spaaß macht und zugleich ihren Lichtstrahl auf das »Dunkel unseres Daseyns« wirft, ist es indessen um einen »Schopenhauer zum Vergnügen« ziemlich paradox bestellt. Einen Jux will und kann er sich machen, gewiß. Aber ist bei ihm das Vergnügen nicht noch weit mehr als im Falle Nietzsches, dessen forcierte Etüden im Lachen und Tanzen immerhin mit der enthusiasmierten Jasagerei seiner Philosophie akkordieren, aus innersten Gründen prekär?

Unser »Daseyn«: ein furchtbares und düsteres Rätsel; unser Leben, zwischen Langeweile und Not, Nichtigkeit und Elend eingespannt: eine einzige Pein; der Wille: ein tief zerrissenes Wesen, das stets die Zähne in sein eigenes Fleisch schlägt, dessen Blindheit stets das am heftigsten begehrt, was ihm am wenigsten bekommt; die Welt: eine Hölle von ausgesuchtester Grausamkeit; der innerweltliche Himmel der Lust: eine episodische Chimäre, der Schmerz das allein Wirkliche und alles »Positive« ein ruchloser Hohn auf die namenlosen Leiden der Menschheit – das alles ist fürwahr kaum zum Vergnügen angetan.

Dementsprechend dürftig fällt die anthologische Prognose aus. Daß das Vergnügen, wenn es sich schon nicht im Dasein finde, wenigstens durch ein Buch zu befördern sei, ist nicht just von der Lektüre eines Philosophen zu erwarten, dessen Realismus es ernst meint. Müßte man jedwede B l ü t e n lese nicht vielmehr besagtem ruchlosen Hohn subsumieren?

Ist Schopenhauer in jener Konstellation, die seit der Typologie der Antike der lachende Philosoph Demokrit mit dem weinenden Heraklit bildet, nicht a priori der Heraklitianer, höchstens daß er noch selbstironisch hinzusetzte: »Alles fließt, zumal die Tränen ...«?

Zur Karikatur eines »schmunzelnden« Philosophen, der sich mit »Humor« in der Welt einrichtet, am philosophischen Stammtisch vergnügt den Bauch reibt und, weil Lachen so gesund ist, dröhnend auf die Schenkel klopft, taugt Schopenhauer tatsächlich nicht. Wo versucht wurde, den »Frankfurter Weisen« in diesem Sinn zu vereinnahmen, ist das zum Weinen mißglückt. Wenn sich Humor nach der traditionellsten und zugleich trivialsten aller seiner Definitionen darin erschöpfen soll, daß man hoch »über den Dingen« steht, um sich desto besser in der Welt einzurichten, dann ist das bei aller Neigung zur »feuerfesten Stube«* der Lebensweisheit

* Ebd., Bd. 4, S. 404.

der Humor Schopenhauers nicht. Allein Jean Pauls *Vorschule* ist auch die seine: daß Humor eine »weltverachtende Idee« sei. Aber so wird man eher »transzendental obdachlos«.

Der Verdacht, es könnte mit dem irdischen Vergnügen in Schopenhauer nicht gar so gut bestellt sein, nährt sich auch noch aus einigen anderen Quellen. Aus der Musik etwa, der dem »An sich« der Dinge nächsten aller Künste, die unmittelbar das Wesen der Welt als Wille ausspricht, hat Schopenhauer das Lächerliche verbannt. Seine eigene Theorie des Lächerlichen wiederum, die es auf die Diskrepanz zwischen Begriff und realem Gegenstand, abstrakter und anschauender Erkenntnis zurückführt, bleibt trotz der witzigen Beispiele, die Schopenhauer im zweiten Band der *Welt als Wille und Vorstellung* reichlich hinzufügt, um der »Geistesträgheit derjenigen Leser, die durchaus im passiven Zustand verharren wollen, zu Hülfe zu kommen«, etwas zu abstrakt; lächerlich an der Theorie, wenngleich unfreiwillig mit ihrem Gehalt übereinstimmend, ist allenfalls die Diskrepanz zur Intention, unter allen Umständen ein anschaulicher Philosoph sein zu wollen.

Wie konnte der unerschrockene Nichts-Denker Schopenhauer, alles andere als ein Nicht-Denker sonst, nur den abgründig-triftigen Sinn der Kantischen Bestimmung des Witzes und des Lachens übersehen, daß es »ein Affekt aus der plötzlichen Verwandlung einer gespannten Erwartung in nichts« – in Nichts – sei? Daß das Lachen, als heitere desillusionierende Anstalt betrachtet, mit den Worten einer späteren Theorie über den Witz und seine Beziehung zum Unbewußten gesagt, jener lustvollen Ersparnis an Energieaufwand entspringt, die aus der gründlichsten aller Spannungsreduktionen resultiert: das Lachen als die ansteckendste Praxis des »Nirwanaprinzips«?

Nichtsdestoweniger ist es mit der insoweit nahegelegten Erwartung, daß es mit einem »Schopenhauer zum Vergnügen« nur wenig, wenn nicht nichts sei – nichts. Denn Schopenhauer ist in Wahrheit einer der zwar nicht vergnügtesten, doch vergnüglichsten Autoren der deutschen Philosophie, der einem suchenden Herausgeber reichlichste Ernte verspricht. Mit ihm (und Lichtenberg) im Gepäck kann man gelegentlich sogar den für die deutsche Kultur sonst so unerfreulichen Vergleich mit der angloamerikanischen etwas gelassener aushalten, vielleicht sogar das zweifellos beklagenswerte Dasein, das nach Schopenhauer und völlig zu Recht im Ganzen den Eindruck einer Tragödie, im Einzelnen aber den einer Komödie macht.

Das liegt einmal trotz allen Ernstes an jenen eingangs schon dokumentierten Qualitäten, die in seiner Auseinandersetzung mit der »Spaaßphilosophie« zu beobachten sind. Diese Anthologie bietet in den Kapiteln zur tierischen Humanpsychologie, zur intimen Verwicklung der Geschlechter, zu Autoren und Verlegern, Buchstaben und Worten (incl. der neuen deutschen Rechtschreibung), zur Schriftstellerei und zum Stil, zur Gelehrsamkeit und zu den Gelehrten nicht nur von der spaaßphilosophischen Zunft, schließlich zum Hauen und Stechen im Zeichen des Ehrenpunkts und dem unzumutbar vielen Lärm um Nichts zahlreiche weitere Beispiele. Schopenhauer mag öfters nur schimpfen – aufs Ganze gesehen ist er ein begnadeter Polemiker und Satiriker.

Selbst Universitätsphilosophen können sich daran erfreuen. Es wird ihnen nur ein klitzekleiner Rollenwechsel vom Objekt zum Rezipienten des sarkastischen Witzes, verbunden mit dem – freilich nicht weitverbreiteten – Vergnügen an tragikomischen Gegenständen, abverlangt. Schon immer hatten sie doch wie ihre Brüder von der idealistischen Konfession keinen höheren Ehrgeiz als zum identischen Subjekt-Objekt zu werden, wieviel mehr beim Vergnügen! Gerade hier können sie sich ein Beispiel an Schopenhauer selber nehmen, wenn seine Psycho- und Zoo-Anthropologie der menschlichen »Animal Farm« den Blick auf den Spiegel lenkt, auf daß ihm wie ihnen daraus ein Esel oder ein wärmebedürftiges, aber doch nur bedingt der zwischentierischen Nähe fähiges Stachelschwein entgegenblicke. (Der Herausgeber dieser Blütenlese sollte in diesem Zusammenhang nicht vergessen zu erwähnen, daß er nach den Reisetagebüchern des jungen Schopenhauer aus den Jahren 1803–1804 aus einem Ort namens »Kloppenburg« stammt, in dem das durchaus schlechte Essen aus einem alten Hahn besteht, die Feinheiten der französischen Küche nicht bekannt sind, schon gar kein französischer Wein, die Menschen mit »Confusions-Münzen« zahlen und im übrigen wie die Postillione so dumm sind, daß sie neben ihren Pferden laufen.)

In einer sonst eher staubtrockenen Zunft noch vergnüglicher zu schätzen: Der Satiriker, der Polemiker Schopenhauer ist von einer beispiellosen Lebendigkeit – wahrscheinlich ist er der Vitalste unter jenen, die je die Nichtigkeiten des Lebens gegeißelt haben. Selbst da, wo er seinen Ressentiments folgt, ist das Pläsier um so größer, je weniger Zwang er seinem Temperament antut.

Witz, zumal ein mit solcher Vitalität gekoppelter Witz, ist eine der am meisten personengebundenen geistigen Eigenschaften. Das mag in der reinen Philosophie zum Nachteil gereichen, die – nicht zuletzt bei Schopenhauer selber – auf das interessefreie Anschauen und Erkennen setzt. Aber wenn wahr, wenn schön sein soll, was ohne Interesse gefällt, so ist vergnüglich, was mit Interesse gefällt oder, wie hier zumeist, mißfällt. Deswegen sind Schopenhauers Briefe und Gespräche, in denen er mehr noch als sonst unverwechselbar persönlich, unvergleichlich witzig spricht, seine vergnüglichsten Dokumente. Die vielberedeten Widersprüche, die bei ihm zu beobachten sein mögen – wann hätten sie je das Vergnügen gestört?

Schopenhauers Witz ist wenig zimperlich. Schon gar nicht bietet er das, was die ästhetische Tradition dem »Humor« abverlangt: Versöhnung, mit dem unendlich Kleinen mindestens das »umgekehrte Erhabene«. Indessen ist an einigen seiner Briefe – etwa, wenn der berühmt gewordene Philosoph mit beschwingter Alterseitelkeit und Liebenswürdigkeit sich von einer »inkomparablen« Bildhauerin verewigen läßt, ja der anerkannte Misogyn hernach zusammen mit ihr, wie ein vertrautes altes Paar, einträchtig auf dem Sopha sitzt – auch schon jene Entwicklung zur Heiterkeit ablesbar, die der späte Schopenhauer, nicht nur der Aphoristiker, sondern auch der Praktiker der Lebensweisheit, immer mehr erfährt. Nun kann er sich sogar die Narrenfreiheit des Positiven gestatten, die den humanen Leidensgenossen die Ermahnungsschriften und Maximen einer relativen Glückslehre anempfiehlt; die spürbar nicht nur ein tieferes Vergnügen empfindet, sondern ein solches machen will. Auch jetzt taumelt das Leben nicht just von Begierde zu Genuß. Aber wenn Venus suspendiert ist, bleibt doch immerhin seine dionysische Unheiligkeit, der ergötzliche Bakchus.

Nicht, daß Schopenhauer etwas zurückzunehmen hätte – der Anfang und das Ende aller Dinge bleiben wie das Dasein im Ganzen dunkel und bedenklich. Versöhnlich wird Schopenhauer auch hier nicht. Und am vormaligen Herrn aller Dinge, der die beste aller möglichen Welten gemacht, nimmt er wie an dem perückten Autor ihres theolosophischen Echos mit fulminantem Sarkasmus – zur Not auch mit einem blasphemischen Witz – Rache, stellvertretend für alle, die sich davon fürwahr verhöhnt fühlen dürfen. Aber seine Art von philosophischem Abendgebet, das »Gebet eines Skeptikers«, entstammt den Papieren eines lachenden Philosophen.

Das ist die einzig mögliche Theodizee: In der schlechtesten aller möglichen Welten, die mit knapper Not gerade noch ist, sich aber frohgemut als die beste aller möglichen Welten annonciert, ist eines ganz gewiß – sie ist die spaaßhafteste aller möglichen Welten.

I

An den Leser

> Jetzt milde, milde, milde,
> zu dir mein Leser!

Lesen ist ein bloßes Surrogat des eigenen Denkens. Man läßt dabei seine Gedanken von einem Andern am Gängelbande führen. [...] Lesen soll man also nur dann, wann die Quelle der eigenen Gedanken stockt; was auch beim besten Kopfe oft genug der Fall seyn wird. Hingegen die eigenen, urkräftigen Gedanken verscheuchen, um ein Buch zur Hand zu nehmen, ist Sünde wider den heiligen Geist. Man gleicht alsdann Dem, der aus der freien Natur flieht, um ein Herbarium zu besehn, oder um schöne Gegenden im Kupferstiche zu betrachten.

Wann wir lesen, denkt ein Anderer für uns: wir wiederholen bloß seinen mentalen Proceß. Es ist damit, wie wenn beim Schreibenlernen der Schüler die vom Lehrer mit Bleistift geschriebenen Züge mit der Feder nachzieht. Demnach ist beim Lesen die Arbeit des Denkens uns zum größten Theile abgenommen. Daher die fühlbare Erleichterung, wenn wir von der Beschäftigung mit unsren eigenen Gedanken zum Lesen übergehn. Eben daher kommt es auch, daß wer sehr viel und fast den ganzen Tag liest, dazwischen aber sich in gedankenlosem Zeitvertreibe erholt, die Fähigkeit, selbst zu denken, allmälig verliert, – wie Einer, der immer reitet, zuletzt das Gehn verlernt. Solches aber ist der Fall sehr

Bleistiftzeichnung von Johann August Becker, nach einem verlorenen Lichtbild vom April 1848

vieler Gelehrten: sie haben sich dumm gelesen. Denn beständiges, in jedem freien Augenblicke sogleich wieder aufgenommenes Lesen ist noch geisteslähmender, als beständige Handarbeit; da man bei dieser doch den eigenen Gedanken nachhängen kann. Aber wie eine Springfeder durch den anhaltenden Druck eines fremden Körpers ihre Elasticität endlich einbüßt; so der

Geist die seine, durch fortwährendes Aufdringen fremder Gedanken. Und wie man durch zu viele Nahrung den Magen verdirbt und dadurch dem ganzen Leibe schadet; so kann man auch durch zu viele Geistesnahrung den Geist überfüllen und ersticken. Denn selbst das Gelesene eignet man sich erst durch späteres Nachdenken darüber an, durch Rumination. Liest man hingegen immerfort, ohne späterhin weiter daran zu denken; so faßt es nicht Wurzel und geht meistens verloren. Ueberhaupt aber geht es mit der geistigen Nahrung nicht anders, als mit der leiblichen: kaum der funfzigste Theil von dem, was man zu sich nimmt, wird assimilirt: das Uebrige geht durch Evaporation, Respiration, oder sonst ab.

Ueberhaupt mache ich die Anforderung, daß wer sich mit meiner Philosophie bekannt machen will, jede Zeile von mir lese. Denn ich bin kein Vielschreiber, kein Kompendienfabrikant, [...].

Eben daher habe ich nur Weniges, dieses aber mit Bedacht und in WEITEN Zwischenräumen geschrieben, auch demgemäß die, in philosophischen Schriften, wegen des Zusammenhangs, bisweilen unvermeidlichen Wiederholungen, von denen kein einziger Philosoph frei ist, auf das möglich geringste Maaß beschränkt, so daß das Allermeiste nur an Einer Stelle zu finden ist. Deshalb also darf, wer von mir lernen und mich verstehen will, nichts, das ich geschrieben habe, ungelesen lassen. Beurtheilen jedoch und kritisiren kann man mich ohne Dieses, wie die Erfahrung gezeigt hat; wozu ich denn auch ferner viel Vergnügen wünsche.

II

»In der Regel ist das Lachen ein vergnüglicher Zustand«

Ich habe, im ersten Bande, für überflüssig gehalten, diese Theorie an Beispielen zu erläutern; da Jeder dies, durch ein wenig Nachdenken über ihm erinnerliche Fälle des Lächerlichen, leicht selbst leisten kann. Um jedoch auch der Geistesträgheit derjenigen Leser, die durchaus im passiven Zustand verharren wollen, zu Hülfe zu kommen, will ich mich hier dazu bequemen. Sogar will ich, in dieser dritten Auflage, die Beispiele vermehren und anhäufen; damit es unbestritten sei, daß hier, nach so vielen fruchtlosen, früheren Versuchen, die wahre Theorie des Lächerlichen gegeben und das schon vom Cicero aufgestellte, aber auch aufgegebene Problem definitiv gelöst sei. –

Meiner im ersten Bande ausgeführten Erklärung zufolge ist der Ursprung des Lächerlichen allemal die paradoxe und daher unerwartete Subsumtion eines Gegenstandes unter einen ihm übrigens heterogenen Begriff, und bezeichnet demgemäß das Phänomen des Lachens allemal die plötzliche Wahrnehmung einer Inkongruenz zwischen einem solchen Begriff und dem durch denselben gedachten realen Gegenstand, also zwischen dem Abstrakten und dem Anschaulichen. Je größer und unerwarteter, in der Auffassung des Lachenden, diese Inkongruenz ist, desto heftiger wird sein Lachen ausfallen.

Je nachdem wir, beim Auffinden einer solchen Inkongruenz, vom Realen, d. i. Anschaulichen, zum Begriff, oder aber umgekehrt vom Begriff zum Realen übergehen, ist das dadurch entstehende Lächerliche entweder ein Witzwort, oder aber eine Ungereimtheit, im höhern Grade, zumal im Praktischen, eine Narrheit; wie im Text auseinandergesetzt worden. Um nun Beispiele des ersten Falles, also des Witzes, zu betrachten, wollen wir zunächst die allbekannte Anekdote nehmen vom Gaskogner, über den der König lachte, als er ihn bei strenger Winterkälte in leichter Sommerkleidung sah, und der darauf zum König sagte: »Hätten Ew. Maj. angezogen, was ich angezogen habe; so würden Sie es sehr warm finden«, – und auf die Frage, was er angezogen habe: »meine ganze Garderobe«. – Unter diesem letztern Begriff ist nämlich, so gut wie die unübersehbare Garderobe eines Königs, auch das einzige Sommerröckchen eines armen Teufels zu denken, dessen Anblick auf seinem frierenden Leibe sich jedoch dem Begriff sehr inkongruent zeigt. – Das Publikum eines Theaters in Paris verlangte einst, daß die Marseillaise gespielt werde, und gerieth, als dies nicht geschah, in großes Schreien und Toben; so daß endlich ein Polizeikommissarius in Uniform auf die Bühne trat und erklärte, es sei nicht erlaubt, daß im Theater etwas Anderes vorkomme, als was auf dem Zettel stehe. Da rief eine Stimme: *Et vous, Monsieur, êtes-vous aussi sur l'affiche?* welcher Einfall das einstimmigste Gelächter erregte. Denn hier ist die Subsumtion des Heterogenen unmittelbar deutlich und ungezwungen. – Das Epigramm:

»Brav ist der treue Hirt, von dem die Bibel sprach:
Wenn seine Heerde schläft, bleibt er allein noch wach«,

subsumirt unter den Begriff eines bei der schlafenden Heerde wachenden Hirten, den langweiligen Prediger, der die ganze Gemeinde eingeschläfert hat und nun ungehört allein fortbelfert. – Analog ist die Grabschrift eines Arztes: »Hier liegt er, wie ein Held, und die Erschlagenen liegen um ihn her«: – es subsumirt unter den dem Helden ehrenvollen Begriff des »von Getödteten umringt Liegens« den Arzt, der das Leben erhalten soll. – Sehr häufig besteht das Witzwort in einem einzigen Ausdruck, durch den eben nur der Begriff angegeben wird, unter welchen der vorliegende Fall subsumirt werden kann, welcher jedoch Allem, was sonst darunter gedacht wird, sehr heterogen ist. So im ROMEO, wenn der lebhafte, aber soeben tödtlich verwundete MERKUTIO seinen Freunden, die ihn Morgen zu besuchen versprechen, antwortet: »Ja, kommt nur, ihr werdet einen STILLEN MANN an mir finden«, unter welchen Begriff hier der Todte subsumirt wird: im Englischen kommt aber noch das Wortspiel hinzu, daß *a grave man* zugleich den ernsthaften, und den Mann des Grabes bedeutet. – Dieser Art ist auch die bekannte Anekdote vom Schauspieler Unzelmann: nachdem auf dem Berliner Theater alles Improvisiren streng untersagt worden war, hatte er zu Pferde auf der Bühne zu erscheinen, wobei, als er gerade auf dem Proscenio war, das Pferd Mist fallen ließ, wodurch das Publikum schon zum Lachen bewogen wurde, jedoch sehr viel mehr, als Unzelmann zum Pferde sagte: »Was machst denn du? weißt du nicht, daß uns das Improvisiren verboten ist?« Hier ist die Subsumtion des Heterogenen unter den allgemeineren Begriff sehr deutlich, daher das Witzwort überaus treffend und die dadurch erlangte Wirkung des Lächerlichen äußerst stark. – Hieher gehört ferner eine Zeitungsnachricht vom März 1851 aus Hall: »Die jüdische Gaunerbande, deren wir erwähnt haben, wurde wieder bei uns, unter obligater Begleitung, eingeliefert.« Diese Subsumtion einer Polizeieskorte unter einen musikalischen Ausdruck ist sehr glücklich; wiewohl sich schon dem bloßen Wortspiel nähernd. – Hingegen ist es ganz in der hier in Rede stehenden Art, wenn SAPHIR, in einem Federkrieg gegen den Schauspieler Angeli, diesen bezeichnet als »den an Geist und Körper gleich großen Angeli« – wo, vermöge der stadtbekannten winzigen Statur des Schauspielers, unter den Begriff »groß« das ungemein Kleine sich anschaulich stellt: – so auch, wenn derselbe SAPHIR die Arien einer neuen Oper »gute alte Bekannte« nennt, also unter einen Begriff, der in andern Fällen zur Empfehlung dient, gerade die tadelhafte Eigenschaft bringt: – eben so, wenn man von einer Dame, auf deren Gunst Geschenke Einfluß hätten, sagen wollte, sie wisse das *utile dulci* zu vereinigen; wodurch man unter den Begriff der Regel, welche vom Horaz in ästhetischer Hinsicht empfohlen wird, das moralisch Gemeine bringt: – eben so, wenn man, um ein Bordell anzudeuten, es etwan bezeichnete als einen »bescheidenen Wohnsitz stiller Freuden«. – Die gute Gesellschaft, welche, um vollkommen fade zu seyn, alle entschiedenen Aeußerungen und daher alle starken Ausdrücke verbannt hat, pflegt, um skandalöse, oder irgendwie anstößige Dinge zu bezeichnen, sich dadurch zu helfen, daß sie solche, zur Milderung, mittelst allgemeiner Begriffe ausdrückt: hiedurch aber wird diesen auch das ihnen mehr oder minder Heterogene subsumirt, wodurch eben, in entsprechendem Grade, die Wirkung des Lächerlichen entsteht. Dahin also gehört das Obige *utile dulci*: desgleichen: »er hat auf dem Ball

Unannehmlichkeiten gehabt«, – wenn er geprügelt und herausgeschmissen worden; oder »er hat des Guten etwas zu viel gethan«, – wenn er betrunken ist; wie auch »die Frau soll schwache Augenblicke haben«, – wenn sie ihrem Mann Hörner aufsetzt [...].

Aber originell und sehr witzig war es, als Einer an ein eben getrautes junges Ehepaar, dessen weibliche Hälfte ihm gefiel, die Schlußworte der Schiller'schen Ballade »Die Bürgschaft« (ich weiß nicht wie laut) richtete:

»Ich sei, erlaubt mir die Bitte,
In euerm Bunde der Dritte.«

Die zweite Art des Lächerlichen geht, wie erwähnt in umgekehrter Richtung, vom abstrakten Begriff zu dem durch diesen gedachten Realen, oder Anschaulichen, welches nun aber irgend eine Inkongruenz zu demselben, die übersehen worden, an den Tag legt, wodurch eine Ungereimtheit, mithin *in praxi* eine närrische Handlung, entsteht. Da das Schauspiel Handlung erfordert, so ist diese Art des Lächerlichen der Komödie wesentlich. [...] Als Beispiele dieser Gattung des Lächerlichen können die folgenden gelten. Als Jemand geäußert hatte, daß er gern allein spatzieren gienge, sagte ein Oesterreicher zu ihm: »Sie gehn gern allein spatzieren; ich halt auch: da können wir zusammen gehn.« Er geht aus von dem Begriff »ein Vergnügen, welches Zwei lieben, können sie gemeinschaftlich genießen«, und subsumirt demselben den Fall, der gerade die Gemeinschaft ausschließt. Ferner der Bediente, welcher das abgeschabte Seehundsfell am Koffer seines Herrn mit Makassaröl bestreicht, damit es wieder behaart werde; wobei er ausgeht von dem Begriff »Makassaröl macht Haare wachsen«: – die Soldaten in der Wachtstube, welche dem eben eingebrachten Arrestanten an ihrem Kartenspiel Theil zu nehmen erlauben, weil er aber dabei schikanirt, wodurch Streit entsteht, ihn hinauswerfen: sie lassen sich leiten durch den allgemeinen Begriff »schlechte Gesellen wirft man hinaus«, – vergessen aber, daß er zugleich Arrestant, d.h. Einer, den sie festhalten sollen, ist. – Zwei Bauerjungen hatten ihre Flinte mit grobem Schrot geladen, welches sie, um ihm feines zu substituiren, heraushaben wollten, ohne jedoch das Pulver einzubüßen. Da legte der Eine die Mündung des Laufes in seinen Hut, den er zwischen die Beine nahm, und sagte zum Andern: »Jetzt drücke du ganz sachte, sachte, sachte los: da kommt zuerst das Schrot.« Er geht aus von dem Begriff »Verlangsamung der Ursache giebt Verlangsamung der Wirkung«. – Belege sind ferner die meisten Handlungen des Don Quijote, welcher unter Begriffe, die er aus Ritterromanen geschöpft, die ihm vorkommenden ihnen sehr heterogenen Realitäten subsumirt, z.B. um die Unterdrückten zu unterstützen, die Galeerensklaven befreit. Eigentlich gehören auch alle Münchhausianaden hieher: nur sind sie nicht Handlungen die vollzogen, sondern unmögliche, die als wirklich geschehen dem Zuhörer aufgebunden werden [...]: z.B. wenn die im Posthorn eingefrorenen Melodien in der warmen Stube aufthauen; – wenn Münchhausen, bei strengem Frost, auf dem Baume sitzend, sein herabgefallenes Messer am gefrierenden Wasserstrahl seines Urins in die Höhe zieht, u.s.w. Dieser Art ist auch die Geschichte von zwei Löwen, welche Nachts die Scheidewand durchbrechen und in ihrer Wuth sich gegenseitig auffressen; so daß am Morgen nur noch die beiden Schwänze gefunden werden.

Das Lachen, in welches Garrick, mitten im Tragiren, ausbrach, weil ein vorn im Parterre stehender Fleischer, um sich den Schweiß abzuwischen, einstweilen seinem großen Hunde, der, mit den Vorderpfoten auf die Parterreschranke gestützt, nach dem Theater hinsah, seine Perrücke aufgesetzt hatte, war dadurch vermittelt, daß Garrick vom hinzugedachten Begriff eines Zuschauers ausgieng.

In der Regel ist das Lachen ein vergnüglicher Zustand: die Wahrnehmung der Inkongruenz des Gedachten zum Angeschauten, also zur Wirklichkeit, macht uns demnach Freude und wir geben uns gern der krampfhaften Erschütterung hin, welche diese Wahrnehmung erregt.

Wegen des Mangels an Vernunft, also an Allgemeinbegriffen, ist das Thier, wie der Sprache, so auch des Lachens unfähig. Dieses ist daher ein Vorrecht und charakteristisches Merkmal des Menschen. Jedoch hat, beiläufig gesagt, auch sein einziger Freund, der Hund, einen analogen, ihm allein eigenen und charakteristischen Akt vor allen andern Thieren voraus, nämlich das so ausdrucksvolle, wohlwollende und grundehrliche Wedeln. Wie vortheilhaft sticht doch diese, ihm von der Natur eingegebene Begrüßung ab, gegen die Bücklinge und grinzenden Höflichkeitsbezeugungen der Menschen, deren Versicherung inniger Freundschaft und Ergebenheit es an Zuverlässigkeit, wenigstens für die Gegenwart, tausend Mal übertrifft. –

III
»Du Mensch!«

Häufig begleitete ich Schopenhauer auf seinen Spaziergängen nach dem Röderberge oder dem Main entlang, während welcher Promenade er seine Cigarre rauchte und sich über Alles, was vorkam, lebhaft unterhielt. Sein Pudel lief bei diesen Spaziergängen neben uns her und blieb dabei ebenso unbeachtet, als während unseres Zusammenseyns in Schopenhauers Wohnung. Ich erinnere mich, dem Philosophen eines Tages erzählt zu haben, daß ihm die Leute nachsagten, er nenne seinen Pudel »du Mensch!«, wenn er ihn zanken wolle. Er gab dieß lachend zu und erklärte es für einen Ausbruch seines Humors und für weiter nichts ...

»Da mei Vatter mitunner sehr nerwees war un viel iwwer Herzkloppe geklagt hat, bracht ich die Nächte häufig uff dem Rederberg zu, um im Notfall enn Dokter hole zu kenne. Morjens, wann ich den Weg nach der Schul aatrete mußt, haww ich dann die Göbels Mädercher, die noch weiter owe uff dem Berg gewohnt hawwe, abgebaßt, un mer sin gemeinsam nach der Schul getruttelt. Im Winter is uns dabei fast regelmeßig Arthur Schopenhauer mit seim Puddel begegend un hat uns Blicke zugeworfe, als wann er uns in erre Bitt mit Essig ersäufe wollt. Vor dem Haus von meim Vatter blieb er immer enn Äägeblick steh, hat's ingrimmig aageguckt un dann sei schrecklicht Schimpfwort: ›Weib! Weib! Weib!‹ ziemlich laut vor sich hiegemormelt.

Die Veraalassung zu dem diefe Groll war der Puddel

des Weltweise gewese, den mei Vatter emal aus seim Gaarte gejagt hatt.

Sobald der große Philosoph die Sonn uffgeh sah, nahm er ehrerbietigst sein Hut ab und hat sich vor err verbeugt. Mir Kinner wußte des un sinn drum immer steh gebliwwe un hawwe gewaart, bis er sei Kompliment gemacht hatt.

Äämal, am e Januar-Morjen, stieg die Sonnescheib blutigrot hinner Offebach empor, wie er uns begegend is und in gewohnter Weis der Kenigin des Tags sei Reverenz gemacht hat. Die Resi, die jingst von de drei Mädercher, hielt den Äägeblick for geeigend, emal sein Puddel liewevoll zu streichele. Kaum awwer hat des der Weltweise bemerkt, hat er ääch schon drohend sein Stock erhowe un gerufe: »Riehre den Mensch nicht an, elend Bruchstück der Natur!«

Er sagte mir, er sei kein Mensch der allgemeinen Art, sondern auch körperlich ein Unicum. In Berlin habe er einmal durch einen Zahnarzt etwas an seinen Zähnen machen lassen müssen. Beim ersten Blick in seinen Mund habe der Arzt voll Erstaunen ausgerufen: Nein, das habe ich noch nie gesehen! Sie haben ja vier Zähne mehr, als das Maximum bei einem Menschen! – Schopenhauer sah mich an; ich sollte mich auch verwundern, allein ich sagte ihm ruhig und unbefangen: ich glaube Cüvier hat die Bemerkung gemacht: je mehr Zähne, um so reißender ist das Thier.

Die gegen mich erhobene Klage ist eine monströse Verdrehung und Entstellung eines sehr unbedeutenden Vorfalls, der sich am 12. August zugetragen; ebenso sind

Schopenhauer und sein Pudel. Karikatur von Wilhelm Busch

auch die dabei obwaltenden Umstände ganz falsch angegeben. Nachstehendes ist der wahre Bestand der Umstände und der Thatsachen.

[...] Als ich besagtermaaßen wieder zu Hause kommend die drei Frauenzimmer in der Entrée sah, war mein Erstes, daß ich unser Dienstmädchen, die sich darunter befand, nach der Wirthin fragte, indem ich durch diese wollte die Frauenzimmer aus der Entrée wegweisen lassen. Da ich nun vernahm, die Wirthin sei nicht zu Hause, kündigte ich den Frauenzimmern selbst an, daß ihnen hier kein Aufenthalt gestattet sei, indem die Wirthin mir die ausdrückliche Zusicherung gegeben, daß Niemand sich hier aufhalten dürfe. Ich forderte sie demnach auf, sich sogleich weg zu begeben. Die beiden Mädchen machten keine Schwierigkeiten zu gehn: bloß die Klägerin verweigerte es, aus dem Grund »daß sie eine honette Person sei«. Ich wiederholte nachdrücklich meine Aufforderung und gieng in mein Zimmer mit dem Bedeuten, daß ich sie nicht wieder finden wolle, wenn ich herauskäme. Nach einer kleinen Weile kam ich wieder heraus. Hier muß ich die malitiöse Insinuation der Klägerin rügen, daß ich mit einem Stock herausgekommen. Es war mein Spazierstock, den ich in der Hand hielt, sowohl vorher als ich in mein Zimmer gieng als nachher, da ich herauskam, indem ich sogleich wieder auszugehn gedachte, wie ich denn auch gethan habe: ebenso hatte ich beide Male den Hut auf dem Kopf. Ich forderte nun abermals die Klägerin auf zu gehn und bot ihr meinen Arm, um sie herauszuführen, wie die Zeugen bestätigen werden. Sie beharrte darauf, bleiben zu wollen. Endlich drohte ich, sie herauszuwerfen, und da sie mir Trotz bot, geschah dieses, jedoch nicht so, daß ich sie mit beiden Händen an den Hals gefaßt, was sich nicht einmal denken läßt, sondern ich faßte sie, wie es zweckmäßig war, um den ganzen Leib und schleppte sie hinaus, obgleich sie sich aus Leibeskräften wehrte. Draußen schrie sie, daß sie mich verklagen wolle und schrie auch nach ihren Sachen, die ich ihr dann schleunigst nachwarf: aber da ein Stückchen Zeug liegen geblieben, das ich nicht gesehn, so mußte dieses als Vorwand dienen, daß sie die Verwegenheit hatte, schnell wieder abermals in die Entrée zu kommen: nun warf ich sie nochmals hinaus obgleich sie sich auf das Heftigste wehrte und aus allen Kräften kreischte, um wo möglich das ganze Haus in Allarm zu bringen. Wie ich sie also zum zweiten Male aus der Thüre warf, fiel sie hin, wie ich glaube absichtlich. Denn es ist die Art solcher Leute, daß wenn sie sehn, daß sie mit dem aktiven Widerstand nicht durchkommen, sie sich nun auf die passive Seite werfen, um so viel als möglich zu leiden und nun recht viel zu klagen zu haben, und ihr schon vorher erhobenes Geschrei, sie wolle mich verklagen, deutet ganz dahin.

Nun aber erkläre ich für gänzlich falsch und erlogen die Angaben, daß ich der Klägerin die Haube abgerissen, daß sie ohnmächtig geworden und vollends, daß ich sie mit Füßen getreten und mit der Faust geschlagen. Davon ist kein Wort wahr und wer mich nur in Etwas kennt, wird *a priori* einsehn, daß eine solche brutale Rohheit bei meinem Karakter, Stande und Erziehung sich gar nicht denken läßt. Ich bin bereit, die Falschheit dieser Angaben eidlich zu versichern. Ich bitte die Zeugen darüber eidlich zu vernehmen. Die Wahrheit ist, daß sobald ich die Klägerin zur Thür hinaus hatte, ich sie durchaus nicht weiter angerührt habe. Sie fiel, wie gesagt, nieder und beim Fallen mag ihr die Haube abgefallen sein, obwohl ich es nicht gesehn habe. Sie war nicht ohnmächtig, sondern stand auf, setzte sich auf einen Stuhl und versicherte wiederholt, mich verklagen zu wollen. Jetzt erst und nicht vorhin habe ich in der Unbesonnenheit des Zorns sie geschimpft. Wäre sie ohnmächtig gewesen, so würde sie es nicht haben hören können. Auch habe ich sie nicht »Luder« und »altes Mensch« geschimpft, sondern nur ein Mal, in Subjekt und Prädikat, »altes Luder«. Hieran bekenne ich nun völlig Unrecht gehabt zu haben und straffällig zu sein, im Uebrigen aber ganz und gar nicht. Denn ich habe bloß mein Hausrecht gebraucht. Ich bin nicht verbunden zu dulden, daß fremde Leute, die dort nichts zu suchen haben, meine Entrée besetzt und meine Thüre umlagert halten: Klägerin hatte keinen Schatten eines Rechtes sich dort aufzuhalten und ich hatte ein vollkommenes Recht nicht nur selbst dort zu seyn, sondern auch sie gehn zu heißen: wie oben ausführlich bewiesen worden. Auch habe ich sie durchaus nicht weiter berührt und angefaßt als nothwendig war, um sie, bei ihrem sehr heftigen Widerstande, zwei Mal hinauszuschaffen. Wenn sie zufolge dem ärztlichen Testimonio am andern Tage eine losgerissene Warze und ein Paar blaue Flecken aufgewiesen hat, so gebe ich deshalb nicht zu, daß sie solche bei jenem Vorfall bekommen: gesetzt aber auch, es wäre der Fall gewesen, so hätte sie es sich selbst zuzuschreiben als Folge ihrer heftigen Gegenwehr und der Anstrengung, zu der sie mich dadurch nöthigte: solchen kleinen Verletzungen setzt man sich natürlich aus, wenn man da, wo man nichts zu suchen hat, sich unnütz macht und fremder Herren Thüren umlagert hält mit solcher Hartnäckigkeit, daß man mit Gewalt weggeschoben werden muß und dann noch dieser rechtmäßigen Gewalt eine unrechtmäßige entgegensetzt.

Ihr angebliches inneres Uebelbefinden am folgenden Tage kann nicht bedeutend gewesen sein, da sie an demselben sogleich ausgegangen ist: auch giebt das ärztliche Testimonium darüber bloß an, worüber sie klagte, nicht was wirklich gewesen: und sagt bloß, daß es Folge des besagten Unfalls gewesen seyn kann, nicht daß es wirklich gewesen sei. Der beschleunigte Puls mag eine Folge des Aergers bei gekränkter weiblicher Eitelkeit gewesen sein: aber in keinem Fall ist erweisbar, daß ihr Uebelbefinden den Vorfall des vorigen Tags zur Ursache gehabt habe und nicht ganz zufällig gewesen sei. Da bekanntlich das weibliche Geschlecht gar häufig in kränklichem Zustande ist und ganz besonders, wenn es will.

Nun aber ganz hievon abgesehn, ist an und für sich die Behauptung daß der anhaltende Krankheitszustand der Klägerin mir zur Last fällt ganz absurd. Man kann nur für wirkliche Verletzungen verantwortlich gemacht werden, für geschlagne Wunden, zerbrochene Glieder, innerliche Sprengungen u. dgl. Die Verletzungen welche die Marquet von mir wirklich erhalten, hat an folgendem Tage der *Dr. Kluge* untersucht und bezeugt, nämlich 2 blaue Flecke am Arm und eine abgerissene Warze. [...]

Mehr als jenes gleich darauf [ausgestellte] Zeugniß aussagt kann mir nie zu Last fallen. Sie mag hinterher krank seyn soviel sie will und meinetwegen krepiren: das ist ganz einerlei. Kein Arzt darf in solchem Falle schließen *post hoc ergo propter hoc*, und behaupten die

Ursache ihrer nachherigen Krankheiten sei daß sie am 12. August 1821 zur Thür hinausgeworfen, denn da wäre kein Verhältniß zwischen Ursache und Wirkung.

Schopenhauer nahm sein Diner an der 1-Uhr-Tafel des Hotels zum englischen Hofe, wenn ich nicht irre, gleich Anfangs der Übernahme dieses Gasthofes durch die Herren Gouvernon und Büdingen um das Jahr 1835/36. Ich speiste ebendaselbst zu Mittag und war so glücklich, schon wenige Tage nach unserm erstmaligen Zusammentreffen von meinem Tischgenossen angegangen zu werden, meinen ständigen Platz an seiner Linken zu nehmen, da er auf dieser Seite weit besser, als mit dem rechten Ohr hörte. Von diesem Tage an behielt ich meinen Platz an besagter Tafel auf einige Jahre hinaus an der Seite des lachenden und lachen machenden Philosophen! ...

Mein Tischnachbar erschien fast immer, nachdem die Suppe bereits gegessen war, und die Schuld seines Spätkommens lag weniger in der Entfernung seiner Wohnung – Schopenhauer wohnte damals in der Neuen Mainzerstraße – als in den Vertiefungen in seine Studien des Vormittags. Wer von 8 Uhr Morgens bis Mittags sich so anhaltend und anstrengend geistig beschäftigt hatte, wie er, durfte gewiß ebensowohl über eine gewisse geistige, als auch namentlich über physische Erschöpfung klagen, und um Beides aufzuheben, verzehrte der bereits bejahrte Mann die ersten Gerichte des Mahles mit einer wahren Gier. Wer ihn in diesem Augenblicke hätte an seiner »Arbeit« stören wollen, würde sich allerdings eine kurze, scharfe Antwort oder vielleicht gar ein unverständliches Geknurre zugezogen haben. Ich ließ daher den hungrigen Philosophen ruhig gewähren und wartete ab, bis er mir aus seiner mit römischer Mosaik belegten Dose eine Prise Pariser Schnupftabaks anbot. Mit diesem Momente begann die Conversation und erstreckte sich solche über alle möglichen Gegenstände: Politik, Theater, Literatur, Kunst, Tagesneuigkeiten, Anecdoten in Masse, deren Schopenhauer stets die besten und pikantesten – mitunter sogar sehr derbe – zum Besten gab.

Während mehrerer Tage speiste Saphir – der Witzmacher *par excellence* – in unserer nächsten Nähe. Der Wiener Bonmots-Schreiber und Dichter-Humorist, dessen *Schriften* alle Lachmuskeln in Bewegung setzten, war in seiner Unterhaltung eher breit und schwerfällig, als redefertig, während der in seinen Werken überaus ernste und tiefe Denker Schopenhauer in seiner Conversation von Geist und Witz übersprudelte.

[...]

Ich will Schopenhauers Gefälligkeit, Gutmüthigkeit und Freundlichkeit noch etwas weiter ausführen. Wenn ich ihn, entweder 11½ Uhr Vormittags oder zwischen 3 und 4 Uhr Nachmittags, zu Hause besuchte, war er gerade so freundlich, humoristisch und redselig, wie gegen das Ende des Mittagstisches, und erzählte mir öfters von Briefen, die er empfangen hatte, – vom »alten« Dorguth oder Frauenstädt oder einem seiner sonstigen »Apostel«, wie er seine ersten Anhänger scherzweise zu nennen pflegte. Er las mir Aufsätze vor, die über seine Werke erschienen waren, z.B. in der »Edinburgh Review«, und kletterte die Leiter in seiner Bibliothek auf und nieder, um mir irgend ein besprochenes Buch herunter zu holen.

Bei Tische – sie speisten zusammen im Englischen Hof – fiel Doß der gesegnete Appetit des Philosophen auf. Auch eine ganze Flasche Rotwein trank er jeden Mittag. Das müsse so sein, sagte er. Wer viel denke, müsse auch viel essen. Bei Dummköpfen und Denkfaulen gehe der Stoffwechsel viel langsamer vor sich.

Eines Nachmittags ließ Schopenhauer durch seine Haushälterin bestellen, daß seine Stiefel absolut nicht mehr paßten. Der Meister möge deshalb sofort einmal zu ihm kommen und sehen, was mit dem Fußzeug los sei. Sonst ging der Meister auf solche Wünsche seiner Kundschaft nicht ein. In diesem Falle aber glaubte er den Wunsch seines Kunden erfüllen zu müssen ... Selbstverständlich waren auch die Gesellen und der Lehrjunge außerordentlich gespannt. Sie konnten es kaum erwarten, bis der Meister von seinem ungewöhnlichen Gange wieder nach Hause kam. Der lachte aus Leibeskräften. »Heiliger Bimbam«, rief er aus, »so etwas ist mir in meiner langen Schuhmacherpraxis doch auch noch nicht passiert! Wißt ihr, warum die Stiefel des Herrn Doktor nicht paßten? Weiß Gott, das errät keiner von euch. Na, weil er sie verkehrt angezogen hat. Er hatte den rechten Stiefel auf dem linken und den linken auf dem rechten Fuß. Mit der geballten Faust hat er sich vor die Stirn geschlagen, als ich ihn auf seinen Irrtum aufmerksam gemacht hab. ›Volle zwei Stunden ziehe ich schon meine Stiefel an‹, hat er gesagt und die Schuld auf seine Haushälterin geschoben, die es verabsäumt habe, die Fußbekleidung der Reihe nach in die richtige Stellung zu bringen.«

Eduard Brockhaus über seinen Besuch bei Schopenhauer am 16. 8. 1859

Höchst eigentümlich war mein Empfang. Ich blieb an der Mitteltür eines großen Zimmers stehen, als sich plötzlich eine Tür links am Fenster öffnete und Schopenhauer hereinstürzte, in Schlafrock und Morgentoilette, mit beiden Armen in der Luft umhervagierte, unverständliche Laute ausstoßend, und an mir vorüberlaufend durch eine Tür rechts wieder verschwand.

Mein erster Gedanke war, daß er verrückt geworden sei. Nach einigen Minuten erschien er wieder, noch im Schlafrock, lud mich ein, neben ihm auf dem Sofa Platz zu nehmen, und erklärte mir zunächst den sonderbaren Empfang. Wie ich wohl an seiner Tür gelesen haben würde, nehme er eigentlich vormittags keine Besuche an, da das die einzige Zeit sei, wo er arbeite; mit mir habe er eine Ausnahme gemacht, da er die Gelegenheit, endlich einmal jemanden von unserer Firma persönlich kennen zu lernen, nicht habe versäumen wollen; indes habe er sein künstliches Gebiß noch nicht angelegt gehabt, ohne das er nicht sprechen könne, und es erst aus seinem Schlafzimmer holen müssen, weshalb er an mir vorübergeeilt sei und dabei mit den Händen auf seinen Mund hingewiesen habe, was ich freilich nicht hatte verstehen können!

IV

Unter Stachelschweinen

Wie man das Gewicht seines eigenen Körpers trägt, ohne es, wie doch das jedes fremden, den man bewegen will, zu fühlen; so bemerkt man nicht die eigenen Fehler und Laster, sondern nur die der Andern. – Dafür aber hat Jeder am Andern einen Spiegel, in welchem er seine eigenen Laster, Fehler, Unarten und Widerlichkeiten jeder Art deutlich erblickt. Allein meistens verhält er sich dabei wie der Hund, welcher gegen den Spiegel bellt, weil er nicht weiß, daß er sich selbst sieht, sondern meint, es sei ein anderer Hund.

Als ich heute beym Anziehn vor den Spiegel trat fuhr ich mit Entsetzen zurück, das schrecklichste Phenomen zeigte sich an meinem Haupte: ich war ein zweyter Midas. Unter heftigem Jucken waren meine Ohren geschwollen zu einer monströsen Größe. Als ich zu einem kurzen Weg über die Straße gieng, sah ich mit Schrekken an meinem Schatten zwey lange Ohren unterm Hut hervorragen.

Jeder irgend vorzügliche Mensch, jeder, der nur nicht zu den von der Natur so traurig dotirten $^5/_6$ der Menschheit gehört, wird, nach dem vierzigsten Jahre, von einem gewissen Anfluge von Misanthropie schwerlich frei bleiben. Denn er hatte, wie es natürlich ist, von sich auf Andere geschlossen [...].

Wie nämlich eine große Krone nur einer großen Wurzel zu entsprießen pflegt; so finden die größten intellektuellen Fähigkeiten sich nur bei heftigem, leidenschaftlichem Willen. Ein Genie von phlegmatischem Charakter und schwachen Leidenschaften würde den Saftpflanzen, die bei ansehnlicher, aus dicken Blättern bestehender Krone, sehr kleine Wurzeln haben, gleichen; wird jedoch nicht gefunden werden. Daß Heftigkeit des Willens und Leidenschaftlichkeit des Charakters eine Bedingung der erhöhten Intelligenz ist, stellt sich physiologisch dadurch dar, daß die Thätigkeit des Gehirns bedingt ist durch die Bewegung, welche die großen, nach der *basis cerebri* laufenden Arterien ihm mit jedem Pulsschlage mittheilen; daher ein energischer Herzschlag, ja sogar, nach Bichat, ein kurzer Hals, ein Erforderniß großer Gehirnthätigkeit ist. Wohl aber findet sich das Gegentheil des Obigen: heftige Begierden, leidenschaftlicher, ungestümer Charakter, bei schwachem Intellekt, d.h. bei kleinem und übel konformirtem Gehirn, in dikker Schaale; eine so häufige, als widrige Erscheinung: man könnte sie allenfalls den Runkelrüben vergleichen.

Um überhaupt von der wahren und sehr traurigen Beschaffenheit der Menschen, wie sie meistens sind, das so nöthige, deutliche und gründliche Verständniß zu erlangen, ist es überaus lehrreich, das Treiben und Benehmen derselben in der Litteratur als Kommentar ihres Treibens und Benehmens im praktischen Leben zu gebrauchen, und *vice versa*. Dies ist sehr dienlich, um weder an sich, noch an ihnen irre zu werden. – Ausnahmen giebt es, ja, unbegreiflich große, und die Unterschiede der Individualitäten sind enorm: aber, im Ganzen genommen, liegt, wie längst gesagt ist, die Welt im Argen: die Wilden fressen einander und die Zahmen betrügen einander, und Das nennt man den Lauf der Welt.

Man setze zwei junge Leute, Kajus und Titus, beide leidenschaftlich verliebt, doch jeder in ein anderes Mädchen: und jedem stehe ein wegen äußerer Umstände bevorzugter Nebenbuhler durchaus im Wege. Beide seien entschlossen, jeder den seinigen aus der Welt zu schaffen, und Beide seien vor aller Entdeckung, sogar vor jedem Verdacht, vollkommen gesichert. Als jedoch Jeder seinerseits an die nähere Veranstaltung des Mordes geht, stehen Beide, nach einem Kampfe mit sich selbst, davon ab. Ueber die Gründe dieses Aufgebens ihres Entschlusses sollen sie uns aufrichtige und deutliche Rechenschaft ablegen. – Nun soll die Rechenschaft, welche Kajus giebt, ganz in die Wahl des Lesers gestellt seyn. Er mag etwan durch religiöse Gründe, wie den Willen Gottes, die dereinstige Vergeltung, das künftige Gericht u. dgl. abgehalten worden seyn. Oder aber er sage: »Ich bedachte, daß die Maxime meines Verfahrens in diesem Fall sich nicht geeignet haben würde, eine allgemein gültige Regel für alle möglichen vernünftigen Wesen abzugeben, indem ich ja meinen Nebenbuhler allein als Mittel und nicht zugleich als Zweck behandelt haben würde.« – Oder er sage mit Fichte: »Jedes Menschenleben ist Mittel zur Realisation des Sittengesetzes: also kann ich nicht, ohne gegen die Realisation des Sittengesetzes gleichgültig zu seyn, Einen vernichten, der zu derselben beizutragen bestimmt ist.«* […] – (Diesem

* Johann Gottlieb Fichte, *Das System der Sittenlehre nach den Principien der Wissenschaftlehre*, Jena/Leipzig: Gabler, 1798, S. 373.

Skrupel, beiläufig gesagt, könnte er dadurch begegnen, daß er, im Besitz seiner Geliebten, bald ein neues Instrument des Sittengesetzes zu produciren hofft.) – Oder er sage, nach WOLLASTONE: »Ich habe überlegt, daß jene Handlung der Ausdruck eines unwahren Satzes seyn würde.« – Oder er sage, nach HUTCHESON: »Der moralische Sinn, dessen Empfindungen, wie die jedes andern Sinnes, nicht weiter erklärlich sind, hat mich bestimmt, es seyn zu lassen.« – Oder er sage, nach ADAM SMITH: »Ich sah voraus, daß meine Handlung gar keine Sympathie mit mir in den Zuschauern derselben erregt haben würde.« – Oder, nach CHRISTIAN WOLFF: »Ich erkannte, daß ich dadurch meiner eigenen Vervollkommnung entgegen arbeiten und auch keine fremde befördern würde.« – [...] Kurz, er sage, was man will. – Aber TITUS, dessen Rechenschaft ich mir vorbehalte, der sage: »Wie es zu den Anstalten kam, und ich deshalb, für den Augenblick, mich nicht mit meiner Leidenschaft, sondern mit jenem Nebenbuhler zu beschäftigen hatte; da zuerst wurde mir recht deutlich, was jetzt mit ihm eigentlich vorgehen sollte. Aber nun ergriff mich Mitleid und Erbarmen, es jammerte mich seiner, ich konnte es nicht über's Herz bringen: ich habe es nicht thun können.«

Die Freunde nennen sich aufrichtig; die Feinde sind es: daher man ihren Tadel zur Selbsterkenntniß benutzen sollte, als eine bittre Arznei. –

Freunde in der Noth wären selten? – Im Gegentheil! Kaum hat man mit Einem Freundschaft gemacht; so ist er auch schon in der Noth und will Geld geliehen haben. –

Hingegen gereicht geistige INFERIORITÄT zur wahren Empfehlung. Denn was für den Leib die Wärme, das ist für den Geist das wohlthuende Gefühl der Ueberlegenheit; daher Jeder, so instinktmäßig wie dem Ofen, oder dem Sonnenschein, sich dem Gegenstande nähert, der es ihm verheißt. Ein solcher nun ist allein der entschieden tiefer Stehende, an Eigenschaften des Geistes, bei Männern, an Schönheit, bei Weibern. Man sehe, mit welcher herzlichen Freundlichkeit ein erträgliches Mädchen einem grundhäßlichen entgegenkommt. Körperliche Vorzüge kommen bei Männern nicht sehr in Betracht; wiewohl man sich doch behaglicher neben einem kleineren, als neben einem größeren fühlt. Demzufolge also sind, unter Männern, die dummen und unwissenden, unter Weibern die häßlichen allgemein beliebt und gesucht: sie erlangen leicht den Ruf eines überaus guten Herzens; weil Jedes für seine Zuneigung, vor sich selbst und vor Andern, eines Vorwandes bedarf. Eben deshalb ist Geistesüberlegenheit jeder Art eine sehr isolirende Eigenschaft: sie wird geflohen und gehaßt, und als Vorwand hiezu werden ihrem Besitzer allerlei Fehler angedichtet. Gerade so wirkt unter Weibern die Schönheit: sehr schöne Mädchen finden keine Freundin, ja, keine Begleiterin. Zu Stellen als Gesellschafterinnen thun sie besser sich gar nicht zu melden: denn schon bei ihrem Vortritt verfinstert sich das Gesicht der gehofften neuen Gebieterin, als welche, sei es für sich, oder für ihre Töchter, einer solchen Folie keineswegs bedarf.

Eine Gesellschaft Stachelschweine drängte sich, an einem kalten Wintertage, recht nahe zusammen, um durch die gegenseitige Wärme, sich vor dem Erfrieren zu schützen. Jedoch bald empfanden sie die gegenseitigen Stacheln; welches sie dann wieder von einander entfernte. Wann nun das Bedürfniß der Erwärmung sie wieder näher zusammen brachte, wiederholte sich jenes zweite Uebel; so daß sie zwischen beiden Leiden hin und hergeworfen wurden, bis sie eine mäßige Entfernung von einander herausgefunden hatten, in der sie es am besten aushalten konnten. – So treibt das Bedürfniß der Gesellschaft, aus der Leere und Monotonie des eigenen Innern entsprungen, die Menschen zu einander; aber ihre vielen widerwärtigen Eigenschaften und unerträglichen Fehler stoßen sie wieder von einander ab. Die mittlere Entfernung, die sie endlich herausfinden, und bei welcher ein Beisammenseyn bestehn kann, ist die Höflichkeit und feine Sitte. Dem, der sich nicht in dieser Entfernung hält, ruft man in England zu: *keep your distance!* – Vermöge derselben wird zwar das Bedürfniß gegenseitiger Erwärmung nur unvollkommen befriedigt, dafür aber der Stich der Stacheln nicht empfunden. – Wer jedoch viel eigene, innere Wärme hat bleibt lieber aus der Gesellschaft weg, um keine Beschwerde zu geben, noch zu empfangen.

Höflichkeit ist Klugheit; folglich ist Unhöflichkeit Dummheit: sich mittelst ihrer unnöthiger und muthwilliger Weise Feinde machen ist Raserei, wie wenn man sein Haus in Brand steckt. Denn Höflichkeit ist, wie die Rechenpfennige, eine offenkundig falsche Münze: mit einer solchen sparsam zu seyn, beweist Unverstand; hingegen Freigebigkeit mit ihr Verstand. Alle Nationen schließen den Brief mit *votre très-humble serviteur*, – *your most obedient servant*, – *suo devotissimo servo:*

Schopenhauer und Immanuel Kant. Karikatur von
Olaf Gulbransson

bloß die Deutschen halten mit dem »Diener« zurück, – weil es ja doch nicht wahr sei, –! Wer hingegen die Höflichkeit bis zum Opfern realer Interessen treibt gleicht Dem, der ächte Goldstücke statt Rechenpfennige gäbe. – Wie das Wachs, von Natur hart und spröde, durch ein wenig Wärme so geschmeidig wird, daß es jede beliebige Gestalt annimmt; so kann man selbst störrische und feindsälige Menschen, durch etwas Höflichkeit und Freundlichkeit, biegsam und gefällig machen. Sonach ist die Höflichkeit dem Menschen, was die Wärme dem Wachs.

Eine schwere Aufgabe ist freilich die Höflichkeit insofern, als sie verlangt, daß wir allen Leuten die größte Achtung bezeugen, während die allermeisten keine verdienen; sodann, daß wir den lebhaftesten Antheil an ihnen simuliren, während wir froh seyn müssen, keinen an ihnen zu haben. – Höflichkeit mit Stolz zu vereinigen ist ein Meisterstück. –

Also, wer erwartet, daß in der Welt die Teufel mit Hörnern und die Narren mit Schellen einhergehn, wird stets ihre Beute, oder ihr Spiel seyn. Hiezu kommt aber noch, daß im Umgange die Leute es machen, wie der Mond und die Pucklichten, nämlich stets nur eine Seite zeigen, und sogar Jeder ein angeborenes Talent hat, auf mimischem Wege seine Physiognomie zu einer Maske umzuarbeiten, welche genau darstellt, was er eigentlich seyn SOLLTE, und die, weil sie ausschließlich auf seine Individualität berechnet ist, ihm so genau anliegt und anpaßt, daß die Wirkung überaus täuschend ausfällt. Er legt sie an, so oft es darauf ankommt, sich einzuschmeicheln. Man soll auf dieselbe so viel geben, als wäre sie aus Wachstuch, eingedenk des vortrefflichen italiänischen Sprichworts: *non è si tristo cane, che non meni la coda* (so böse ist kein Hund, daß er nicht mit dem Schwanz wedelte).

Sogar an ABRICHTUNGSFÄHIGKEIT übertrifft der Mensch alle Thiere. Die Moslem sind abgerichtet, 5 Mal des Tages, das Gesicht gegen Mecka gerichtet, zu beten: thun es unverbrüchlich. Christen sind abgerichtet, bei gewissen Gelegenheiten ein Kreuz zu schlagen, sich zu verneigen u. dgl.; wie denn überhaupt die Religion das rechte Meisterstück der Abrichtung ist, nämlich die Abrichtung der Denkfähigkeit; daher man bekanntlich nicht früh genug damit anfangen kann. Es giebt keine Absurdität, die so handgreiflich wäre, daß man sie nicht allen Menschen fest in den Kopf setzen könnte, wenn man nur schon vor ihrem sechsten Jahre anfienge, sie ihnen einzuprägen, indem man unablässig und mit feierlichstem Ernst sie ihnen vorsagte. Denn, wie die Abrichtung der Thiere, so gelingt auch die des Menschen nur in früher Jugend vollkommen.

Edelleute sind abgerichtet, kein anderes, als ihr Ehrenwort, heilig zu halten, an den fratzenhaften Kodex der ritterlichen Ehre, ganz ernsthaft, steif und fest zu glauben, ihn erforderlichen Falls mit ihrem Tode zu besiegeln und den König wirklich als ein Wesen höherer Art anzusehn. – Unsere Höflichkeitsbezeugungen und Komplimente, besonders die respektvollen Attentions gegen die Damen, beruhen auf Abrichtung: unsere Achtung vor Geburt, Stand und Titel desgleichen. Eben so unser abgemessen stufenweises Uebelnehmen gegen uns gerichteter Aeußerungen: Engländer sind abgerichtet, den Vorwurf, daß sie keine *gentlemen* seien, noch mehr aber den der Lüge, Franzosen den der Feigheit (*lâche*), Deutsche den der Dummheit für ein todeswürdiges Verbrechen zu halten, u. s. w. – Viele Leute sind zu einer unverbrüchlichen Ehrlichkeit in Einer Art abgerichtet, während sie in allen übrigen wenig davon aufzuweisen haben. So stielt Mancher kein Geld, aber alles unmittelbar Genießbare. Mancher Kaufmann betrügt, ohne Skrupel; aber stehlen würde er schlechterdings nicht.

Antistrophe zum 73sten Venetianischen Epigramme.

Wundern darf es mich nicht, daß manche die Hunde verläumden:
Denn es beschämet zu oft leider den Menschen der Hund.

Zum Symbol der Unverschämtheit und Dummdreistigkeit sollte man die Fliege nehmen. Denn während alle Thiere den Menschen über Alles scheuen und schon von ferne vor ihm fliehen, setzt sie sich ihm auf die Nase.

Es wundert mich nicht, daß sie Langeweile haben, wann sie allein sind: sie können nicht allein lachen; sogar erscheint Solches ihnen närrisch. – Ist denn das Lachen etwan nur ein Signal für Andere und ein bloßes Zeichen, wie das Wort? – Mangel an Phantasie und an Lebhaftigkeit des Geistes überhaupt, Das ist es, was ihnen, wenn allein, das Lachen verwehrt. Die Thiere lachen weder allein, noch in Gesellschaft.

Myson, der Misanthrop, war, allein lachend, von so Einem überrascht worden, der ihn jetzt fragte, warum er denn lache, da er doch allein wäre? – »Gerade darum lache ich«, war die Antwort.

V

Über die Weiber

Mit den Mädchen hat es die Natur auf Das, was man, im dramaturgischen Sinne, einen Knalleffekt nennt, abgesehn [...].

Zu Pflegerinnen und Erzieherinnen unserer ersten Kindheit eignen die Weiber sich gerade dadurch, daß sie selbst kindisch, läppisch und kurzsichtig, mit Einem Worte, Zeit Lebens große Kinder sind: eine Art Mittelstufe, zwischen dem Kinde und dem Manne, als welcher der eigentliche Mensch ist. Man betrachte nur ein Mädchen, wie sie, Tage lang, mit einem Kinde tändelt, herumtanzt und singt, und denke sich, was ein Mann, beim besten Willen, an ihrer Stelle leisten könnte.

Je edeler und vollkommener eine Sache ist, desto später und langsamer gelangt sie zur Reife. Der Mann erlangt die Reife seiner Vernunft und Geisteskräfte kaum vor dem acht und zwanzigsten Jahre; das Weib mit dem achtzehnten. Aber es ist auch eine Vernunft danach: eine gar knapp gemessene. Daher bleiben die Weiber ihr Leben lang Kinder, sehn immer nur das Nächste, kleben an der Gegenwart, nehmen den Schein der Dinge für die Sache und ziehn Kleinigkeiten den wichtigsten Angelegenheiten vor. Die Vernunft nämlich ist es, vermöge deren der Mensch nicht, wie das Thier, bloß in der Gegenwart lebt, sondern Vergangenheit und Zukunft übersieht und bedenkt; woraus dann seine Vorsicht, seine Sorge und häufige Beklommenheit entspringt. Der Vortheile, wie der Nachtheile, die Dies bringt, ist das

Weib, in Folge seiner schwächern Vernunft, weniger theilhaft: vielmehr ist dasselbe ein geistiger Myops, indem sein intuitiver Verstand in der Nähe scharf sieht, hingegen einen engen Gesichtskreis hat, in welchen das Entfernte nicht fällt; daher eben alles Abwesende, Vergangene, Künftige, viel schwächer auf die Weiber wirkt, als auf uns. So viele Nachtheile nun auch Dies mit sich führt, so hat es doch das Gute, daß das Weib mehr in der Gegenwart aufgeht, als wir, und daher diese, wenn sie nur erträglich ist, besser genießt, woraus die dem Weibe eigenthümliche Heiterkeit hervorgeht, welche sie zur Erholung des sorgenbelasteten Mannes eignet.

Aus der selben Quelle ist es abzuleiten, daß die Weiber mehr Mitleid und daher mehr Menschenliebe und Theilnahme an Unglücklichen zeigen, als die Männer; hingegen im Punkte der Gerechtigkeit, Redlichkeit und Gewissenhaftigkeit, diesen nachstehn. Denn in Folge ihrer schwachen Vernunft übt das Gegenwärtige, Anschauliche, unmittelbar Reale eine Gewalt über sie aus, gegen welche die abstrakten Gedanken, die stehenden Maximen, die festgefaßten Entschlüsse, überhaupt die Rücksicht auf Vergangenheit und Zukunft, auf Abwesendes und Entferntes, selten viel vermögen. Demnach haben sie zur Tugend wohl das Erste und Hauptsächliche, hingegen gebricht es bei ihnen am Sekundären, am oft nothwendigen Werkzeug zu derselben. Man könnte sie, in dieser Hinsicht, einem Organismus vergleichen, der zwar die Leber, aber nicht die Gallenblase hätte.

Wie den Löwen mit Klauen und Gebiß, den Elephanten mit Stoßzähnen, den Eber mit Hauern, den Stier mit Hörnern und die Sepia mit der wassertrübenden Tinte, so hat die Natur das Weib mit Verstellungskunst ausgerüstet, zu seinem Schutz und Wehr, und hat alle die Kraft, die sie dem Manne als körperliche Stärke und Vernunft verlieh, dem Weibe in Gestalt jener Gabe zugewendet. Die Verstellung ist ihm daher angeboren, deshalb auch fast so sehr dem dummen, wie dem klugen Weibe eigen. Von derselben bei jeder Gelegenheit Gebrauch zu machen ist ihm daher so natürlich, wie jenen Thieren, beim Angriff, sogleich ihre Waffen anzuwenden. Darum ist ein ganz wahrhaftes, unverstelltes Weib vielleicht unmöglich. Eben deshalb durchschauen sie fremde Verstellung so leicht, daß es nicht rathsam ist, ihnen gegenüber, es damit zu versuchen.

Zwischen Männern ist von Natur bloß Gleichgültigkeit; aber zwischen Weibern ist schon von Natur Feindschaft. [...] Schon beim Begegnen auf der Straße sehn sie einander an, wie Guelfen und Ghibellinen.

Mit mehr Fug, als das schöne, könnte man das weibliche Geschlecht das UNÄSTHETISCHE nennen. Weder für Musik, noch Poesie, noch bildende Künste haben sie wirklich und wahrhaftig Sinn und Empfänglichkeit; sondern bloße Aefferei, zum Behuf ihrer Gefallsucht, ist es, wenn sie solche affektiren und vorgeben. [...] Man darf nur die Richtung und Art ihrer Aufmerksamkeit im Koncert, Oper und Schauspiel beobachten, z.B. die kindliche Unbefangenheit sehn, mit der sie, unter den schönsten Stellen der größten Meisterwerke, ihr Geplapper fortsetzen. Wenn wirklich die Griechen die Weiber nicht ins Schauspiel gelassen haben; so thaten sie demnach recht daran; wenigstens wird man in ihren Theatern doch etwas haben hören können. [...]

So haben eben auch die Alten und die orientalischen Völker die Weiber angesehn und danach die ihnen angemessene Stellung viel richtiger erkannt, als wir, mit unsrer altfranzösischen Galanterie und abgeschmackten Weiberveneration, dieser höchsten Blüthe christlich-germanischer Dummheit, welche nur gedient hat, sie so arrogant und rücksichtslos zu machen, daß man bisweilen an die heiligen Affen in Benares erinnert wird, welche, im Bewußtseyn ihrer Heiligkeit und Unverletzlichkeit, sich Alles und Jedes erlaubt halten.

In unserm monogamischen Welttheile heißt heirathen seine Rechte halbiren und seine Pflichten verdoppeln. Jedoch als die Gesetze den Weibern gleiche Rechte mit den Männern einräumten, hätten sie ihnen auch eine männliche Vernunft verleihen sollen.

Um die Entstehung dieses für unser Thema so wichtigen Irrthums speciell und aufs deutlichste zu erläutern und dadurch die im vorigen Abschnitt angestellte Untersuchung des Selbstbewußtseyns zu ergänzen, wollen wir uns einen Menschen denken, der, etwan auf der Gasse stehend, zu sich sagte: »Es ist 6 Uhr Abends, die Tagesarbeit ist beendigt. Ich kann jetzt einen Spatziergang machen; oder ich kann in den Klub gehn; ich kann auch auf den Thurm steigen, die Sonne untergehn zu sehn; ich kann auch ins Theater gehn; ich kann auch diesen, oder aber jenen Freund besuchen; ja, ich kann auch zum Thor hinauslaufen, in die weite Welt, und nie wiederkommen. Das Alles steht allein bei mir, ich habe völlige Freiheit dazu; thue jedoch davon jetzt nichts, sondern gehe ebenso freiwillig nach Hause, zu meiner Frau.« Das ist gerade so, als wenn das Wasser spräche: »Ich kann hohe Wellen schlagen (ja! nämlich im Meer und Sturm), ich kann reißend hinabeilen (ja! nämlich im Bette des Stroms), ich kann schäumend und sprudelnd hinunterstürzen (ja! nämlich im Wasserfall), ich kann frei als Strahl in die Luft steigen (ja! nämlich im Springbrunnen), ich kann endlich gar verkochen und verschwinden (ja! bei 80° Wärme); thue jedoch von dem Allen jetzt nichts, sondern bleibe freiwillig, ruhig und klar im spiegelnden Teiche.«

In dieselbe Zeit fiel seine Begegnung mit der Bildhauerin Ney. »Denken Sie, wer heute bei mir war? Eine schöne, junge Dame, eine talentvolle Bildhauerin, eine Verwandte vom Marschall Ney. Sie ist eigens hieher gekommen und bleibt längere Zeit hier, um eine Büste von mir zu machen.«

Ein andermal erzählte er: »Sie arbeitet den ganzen Tag bei mir. Wenn ich vom Essen komme, trinken wir zusammen Kaffee, sitzen beieinander auf dem Sopha, da komme ich mir dann vor wie verheiratet.« Dabei rieb er sich vergnügt die Hände.

Die Bildhauerin Ney (Großnichte des Marschalls) ist aus Berlin hergekommen, um meine Büste zu machen, und ist schon 8 Tage dabei. Ich werde grausam hin und hergerissen zwischen der Skulptur und der Korrektur [...]. Die Welt will wissen, wie eigentl aussieht

Ihr ergebener Diener
Arthur Schopenhauer

Die Büste ist gekommen, wird in Berlin und Wien ausgestellt. Die Ney will sich direkte an Sie wenden, und bitte auch ich, daß Sie aus Ihren vielen Posaunen einige Stöße der Sache widmen wollen. Wenn Sie nur die Ney sähen, würden Sie sich für sie zerreißen: – ist inkomparabel!

VI
Vom Hans und von der Grete

»Wehe, wehe! der Lingam
ist in der Yoni.«

Wenn Sie nur hier wären; so wollte ich Ihnen (versteht sich in meiner Wohnung, da ich wegen der gänzlichen Neuheit des Inhalts das *M. S.* nicht aus den Händen gebe) z.B. etwan das beiläufig 36 Druckseiten füllende Kapitel, welches »Metaphysik der Geschlechtsliebe« überschrieben ist und diese Leidenschaft zum ersten Mal auf ihre letzten, so tief liegenden Gründe zurückführt, wobei das genaueste Détail zur Sprache kommt, – zu lesen geben und würde viel darauf wetten, daß Sie sich nicht ferner besinnen würden.

Daß man gewöhnlich jedes Schöne von der heitern Art reizend nennt, ist ein, durch Mangel an richtiger Unterscheidung, zu weit gefaßter Begriff, den ich ganz bei Seite setzen, ja mißbilligen muß. – Im angegebenen und erklärten Sinn aber, finde ich im Gebiete der Kunst nur zwei Arten des Reizenden und beide ihrer unwürdig. Die eine, recht niedrige, im Stillleben der Niederländer, wenn es sich dahin verirrt, daß die dargestellten Gegenstände Eßwaaren sind, die durch ihre täuschende Darstellung nothwendig den Appetit darauf erregen, welches eben eine Aufregung des Willens ist, die jeder ästhetischen Kontemplation des Gegenstandes ein Ende macht. Gemaltes Obst ist noch zulässig, da es als weitere Entwickelung der Blume und durch Form und Farbe

Schopenhauer-Büste von Elisabeth Ney, 1859

als ein schönes Naturprodukt sich darbietet, ohne daß man geradezu genöthigt ist, an seine Eßbarkeit zu denken; aber leider finden wir oft, mit täuschender Natürlichkeit, aufgetischte und zubereitete Speisen, Austern, Heringe, Seekrebse, Butterbrod, Bier, Wein u. s. w., was ganz verwerflich ist. – In der Historienmalerei und

Bildhauerei besteht das Reizende in nackten Gestalten, deren Stellung, halbe Bekleidung und ganze Behandlungsart darauf hinzielt im Beschauer Lüsternheit zu erregen, wodurch die rein ästhetische Betrachtung sogleich aufgehoben, also dem Zweck der Kunst entgegengearbeitet wird. Dieser Fehler entspricht ganz und gar dem soeben an den Niederländern gerügten. Die Antiken sind, bei aller Schönheit und völliger Nacktheit der Gestalten, fast immer davon frei, weil der Künstler selbst mit rein objektivem, von der idealen Schönheit erfülltem Geiste sie schuf, nicht im Geiste subjektiver, schnöder Begierde.

Metaphysik der Geschlechtsliebe.

Ihr Weisen, hoch und tief gelahrt,
Die ihr's ersinnt und wißt,
Wie, wo und wann sich Alles paart?
Warum sich's liebt und küßt?
Ihr hohen Weisen, sagt mir's an!
Ergrübelt, was mir da,
Ergrübelt mir, wo, wie und wann,
Warum mir so geschah?

BÜRGER.

Die Dichter ist man gewohnt hauptsächlich mit der Schilderung der Geschlechtsliebe beschäftigt zu sehen. Diese ist in der Regel das Hauptthema aller dramatischen Werke, der tragischen, wie der komischen, der romantischen, wie der klassischen, der Indischen, wie der Europäischen: nicht weniger ist sie der Stoff des bei Weitem größten Theils der lyrischen Poesie, und ebenfalls der epischen; zumal wenn wir dieser die hohen

Stöße von Romanen beizählen wollen, welche, in allen civilisirten Ländern Europas, jedes Jahr so regelmäßig wie die Früchte des Bodens erzeugt, schon seit Jahrhunderten. Alle diese Werke sind, ihrem Hauptinhalte nach, nichts Anderes, als vielseitige, kurze oder ausführliche Beschreibungen der in Rede stehenden Leidenschaft.

Allerdings aber bestätigt es auch die Erfahrung, wenn gleich nicht die alltägliche, daß Das, was in der Regel nur als eine lebhafte, jedoch noch bezwingbare Neigung vorkommt, unter gewissen Umständen anwachsen kann zu einer Leidenschaft, die an Heftigkeit jede andere übertrifft, und dann alle Rücksichten beseitigt, alle Hindernisse mit unglaublicher Kraft und Ausdauer überwindet, so daß für ihre Befriedigung unbedenklich das Leben gewagt, ja, wenn solche schlechterdings versagt bleibt, in den Kauf gegeben wird. [...] Was aber die niedern Grade und die bloßen Anflüge jener Leidenschaft anlangt, so hat Jeder sie täglich vor Augen und, so lange er nicht alt ist, meistens auch im Herzen.

Also kann man, nach dem hier in Erinnerung Gebrachten, weder an der Realität, noch an der Wichtigkeit der Sache zweifeln, und sollte daher, statt sich zu wundern, daß auch ein Philosoph dieses beständige Thema aller Dichter ein Mal zu dem seinigen macht, sich darüber wundern, daß eine Sache, welche im Menschenleben durchweg eine so bedeutende Rolle spielt, von den Philosophen bisher so gut wie gar nicht in Betrachtung genommen ist und als ein unbearbeiteter Stoff vorliegt. [...] Vorgänger habe ich demnach weder zu benutzen, noch zu widerlegen: die Sache hat sich mir objektiv aufgedrungen und ist von selbst in den Zusammenhang meiner Weltbetrachtung getreten. – Den wenigsten Beifall habe ich übrigens von Denen zu hoffen, welche gerade selbst von dieser Leidenschaft beherrscht sind, und demnach in den sublimsten und ätherischesten Bildern ihre überschwänglichen Gefühle auszudrücken suchen: ihnen wird meine Ansicht zu physisch, zu materiell erscheinen; so metaphysisch, ja transscendent, sie auch im Grunde ist. Mögen sie vorläufig erwägen, daß der Gegenstand, welcher sie heute zu Madrigalen und Sonetten begeistert, wenn er 18 Jahre früher geboren wäre, ihnen kaum einen Blick abgewonnen hätte.

Denn alle Verliebtheit, wie ätherisch sie sich auch geberden mag, wurzelt allein im Geschlechtstriebe, ja, ist durchaus nur ein näher bestimmter, specialisirter, wohl gar im strengsten Sinn individualisirter Geschlechtstrieb. Wenn man nun, dieses fest haltend, die wichtige Rolle betrachtet, welche die Geschlechtsliebe in allen ihren Abstufungen und Nüancen, nicht bloß in Schauspielen und Romanen, sondern auch in der wirklichen Welt spielt, wo sie, nächst der Liebe zum Leben, sich als die stärkste und thätigste aller Triebfedern erweist, die Hälfte der Kräfte und Gedanken des jüngern Theiles der Menschheit fortwährend in Anspruch nimmt, das letzte Ziel fast jedes menschlichen Bestrebens ist, auf die wichtigsten Angelegenheiten nachtheiligen Einfluß erlangt, die ernsthaftesten Beschäftigungen zu jeder Stunde unterbricht, bisweilen selbst die größten Köpfe auf eine Weile in Verwirrung setzt, sich nicht scheut, zwischen die Verhandlungen der Staatsmänner und die Forschungen der Gelehrten, störend, mit ihrem Plunder einzutreten, ihre Liebesbriefchen und Haarlöckchen sogar in ministerielle Portefeuilles und philosophische

Manuscripte einzuschieben versteht, nicht minder täglich die verworrensten und schlimmsten Händel anzettelt, die werthvollsten Verhältnisse auflöst, die festesten Bande zerreißt, bisweilen Leben, oder Gesundheit, bisweilen Reichthum, Rang und Glück zu ihrem Opfer nimmt, ja, den sonst Redlichen gewissenlos, den bisher Treuen zum Verräther macht, demnach im Ganzen auftritt als ein feindsäliger Dämon, der Alles zu verkehren, zu verwirren und umzuwerfen bemüht ist; – da wird man veranlaßt auszurufen: Wozu der Lerm? Wozu das Drängen, Toben, die Angst und die Noth? Es handelt sich ja bloß darum, daß jeder Hans seine Grethe* finde [...].

Jetzt zur gründlicheren Untersuchung der Sache.

Durch tausend physische Zufälle und moralische Widerwärtigkeiten entstehen gar vielerlei Ausartungen der menschlichen Gestalt: dennoch wird der ächte Typus derselben, in allen seinen Theilen, immer wieder hergestellt; welches geschieht unter der Leitung des Schönheitssinnes, der durchgängig dem Geschlechtstriebe vorsteht, und ohne welchen dieser zum ekelhaften Bedürfniß herabsinkt. Demgemäß wird Jeder, erstlich, die schönsten Individuen, d.h. solche, in welchen der Gattungscharakter am reinsten ausgeprägt ist, entschieden vorziehen und heftig begehren; zweitens aber wird er am andern Individuo besonders DIE Vollkommenheiten verlangen, welche ihm selbst abgehen, ja sogar die Unvollkommenheiten, welche das Gegentheil seiner eigenen

* Ich habe mich hier nicht eigentlich ausdrücken dürfen: der geneigte Leser hat daher die Phrase in eine Aristophanische Sprache zu übersetzen.

sind, schön finden: daher suchen z. B. kleine Männer große Frauen, die Blonden lieben die Schwarzen u. s. w. – Das schwindelnde Entzücken, welches den Mann beim Anblick eines Weibes von ihm angemessener Schönheit ergreift und ihm die Vereinigung mit ihr als das höchste Gut vorspiegelt, ist eben DER SINN DER GATTUNG, welcher den deutlich ausgedrückten Stämpel derselben erkennend, sie mit diesem perpetuiren möchte.

Denn offenbar ist die Sorgfalt, mit der ein Insekt eine bestimmte Blume, oder Frucht, oder Mist, oder Fleisch, oder, wie die Ichneumonien, eine fremde Insektenlarve aufsucht, um seine Eier NUR DORT zu legen, und um dieses zu erreichen weder Mühe noch Gefahr scheut, derjenigen sehr analog, mit welcher ein Mann zur Geschlechtsbefriedigung ein Weib von bestimmter, ihm individuell zusagender Beschaffenheit sorgsam auswählt und so eifrig nach ihr strebt [...].

Dem dargelegten Charakter der Sache gemäß wird, nach dem endlich erlangten Genuß, jeder Verliebte eine wundersame Enttäuschung erfahren, und darüber erstaunen, daß das so sehnsuchtsvoll Begehrte nichts mehr leistet, als jede andere Geschlechtsbefriedigung; so daß er sich nicht sehr dadurch gefördert sieht. [...] Daher also findet jeder Verliebte, nach endlicher Vollbringung des großen Werkes, sich angeführt [...].

Wäre PETRARKA's Leidenschaft befriedigt worden; so wäre von Dem an sein Gesang verstummt, wie der des Vogels, sobald die Eier gelegt sind.

Aber um gründlich zu seyn und die volle Ueberzeugung zu gewinnen, daß das Wohlgefallen am andern Geschlecht, so objektiv es uns dünken mag, doch bloß verlarvter Instinkt, d. i. Sinn der Gattung, welche ihren Typus zu erhalten strebt, ist, müssen wir sogar die bei diesem Wohlgefallen uns leitenden Rücksichten näher untersuchen und auf das Specielle derselben eingehen, so seltsam auch die hier zu erwähnenden Specialitäten in einem philosophischen Werke figuriren mögen. Diese Rücksichten zerfallen in solche, welche unmittelbar den Typus der Gattung, d. i. die Schönheit, betreffen, in solche, welche auf psychische Eigenschaften gerichtet sind, und endlich in bloß relative, welche aus der erforderten Korrektion oder Neutralisation der Einseitigkeiten und Abnormitäten der beiden Individuen durch einander hervorgehen. Wir wollen sie einzeln durchgehen.

Hieher gehört auch der hohe Werth, den alle auf die Kleinheit der Füße legen: er beruht darauf, daß diese ein wesentlicher Charakter der Gattung sind, indem kein Thier Tarsus und Metatarsus zusammengenommen so klein hat, wie der Mensch, welches mit dem aufrechten Gange zusammenhängt: er ist ein Plantigrade. Demgemäß sagt auch JESUS SIRACH (26,23: nach der verbesserten Uebersetzung von KRAUS): »Ein Weib, das gerade gebaut ist und schöne Füße hat, ist wie die goldenen Säulen auf den silbernen Stühlen.« Auch die Zähne sind uns wichtig; weil sie für die Ernährung wesentlich und ganz besonders erblich sind. – Die vierte Rücksicht ist eine gewisse FÜLLE DES FLEISCHES, also ein Vorherrschen der vegetativen Funktion, der Plasticität; weil diese dem Fötus reichliche Nahrung verspricht: daher stößt große Magerkeit uns auffallend ab. Ein voller weiblicher Busen übt einen ungemeinen Reiz auf das männliche Geschlecht aus: weil er, mit den Propagationsfunktionen des Weibes in direktem Zusammenhange stehend, dem Neugeborenen reichliche Nahrung verspricht. Hingegen erregen ÜBERMÄSSIG fette Weiber unsern Widerwillen: die Ursache ist, daß diese Beschaffenheit auf Atrophie des Uterus, also auf Unfruchtbarkeit deutet; welches nicht der Kopf, aber der Instinkt weiß. – Erst die letzte Rücksicht ist die auf die SCHÖNHEIT DES GESICHTS. Auch hier kommen vor Allem die Knochentheile in Betracht; daher hauptsächlich auf eine schöne Nase gesehen wird, und eine kurze, aufgestülpte Nase Alles verdirbt. Ueber das Lebensglück unzähliger Mädchen hat eine kleine Biegung der Nase, nach unten oder nach oben, entschieden, und mit Recht: denn es gilt den Typus der Gattung. Ein kleiner Mund, mittelst kleiner Maxillen, ist sehr wesentlich, als specifischer Charakter des Menschenantlitzes, im Gegensatz der Thiermäuler. Ein zurückliegendes, gleichsam weggeschnittenes Kinn ist besonders widerlich; weil *mentum prominulum* ein ausschließlicher Charakterzug unserer Species ist. Endlich kommt die Rücksicht auf schöne Augen und Stirn: sie hängt mit den psychischen Eigenschaften zusammen, zumal mit den intellektuellen, welche von der Mutter erben.

Die zweite Art der Rücksichten, welche der Geschlechtsliebe zum Grunde liegen, ist die auf die psychischen Eigenschaften. Hier werden wir finden, daß das Weib durchgängig von den Eigenschaften des Herzens oder Charakters im Manne angezogen wird, – als welche vom Vater erben. Vorzüglich ist es Festigkeit des Willens, Entschlossenheit und Muth, vielleicht auch Redlichkeit und Herzensgüte, wodurch das Weib gewonnen wird. Hingegen üben intellektuelle Vorzüge keine direkte und instinktmäßige Gewalt über sie aus; eben weil sie NICHT vom Vater erben. Unverstand schadet bei Weibern nicht: ehe noch könnte überwiegende Geisteskraft, oder gar Genie, als eine Abnormität, ungünstig wirken. Daher sieht man oft einen häßlichen, dummen und rohen Menschen einen wohlgebildeten, geistreichen und liebenswürdigen Mann bei Weibern ausstechen. Auch werden Ehen aus Liebe bisweilen geschlossen zwischen geistig höchst heterogenen Wesen: z.B. ER roh, kräftig und beschränkt, SIE zart empfindend, fein denkend, gebildet, ästhetisch u.s.w.; oder ER gar genial und gelehrt, SIE eine Gans [...]. Der Grund ist, daß hier ganz andere Rücksichten vorwalten, als die intellektuellen: – die des Instinkts. Bei der Ehe ist es nicht auf geistreiche Unterhaltung, sondern auf die Erzeugung der Kinder abgesehen: sie ist ein Bund der Herzen, nicht der Köpfe. Es ist ein eitles und lächerliches Vorgeben, wenn Weiber behaupten, in den Geist eines Mannes sich verliebt zu haben, oder es ist die Ueberspannung eines entarteten Wesens. – Männer hingegen werden in der instinktiven Liebe nicht durch die CHARAKTER-EIGENSCHAFTEN des Weibes bestimmt; daher so viele Sokratesse ihre Xanthippen gefunden haben, z.B. Shakespeare, Albrecht Dürer, Byron u.s.w. Wohl aber wirken hier die INTELLEKTUELLEN Eigenschaften ein; weil sie von der Mutter erben: jedoch wird ihr Einfluß von dem der körperlichen Schönheit, als welche, wesentlichere Punkte betreffend, unmittelbarer wirkt, leicht überwogen. Inzwischen geschieht es, im

Gefühl oder nach der Erfahrung jenes Einflusses, daß Mütter ihre Töchter schöne Künste, Sprachen u. dgl. erlernen lassen, um sie für Männer anziehend zu machen; wobei sie dem Intellekt durch künstliche Mittel nachhelfen wollen, eben wie vorkommenden Falls den Hüften und Busen.

Damit eine solche wirklich leidenschaftliche Neigung entstehe, ist etwas erfordert, welches sich nur durch eine chemische Metapher ausdrücken läßt: beide Personen müssen einander neutralisiren, wie Säure und Alkali zu einem Mittelsalz. Die hiezu erforderlichen Bestimmungen sind im Wesentlichen folgende. Erstlich: alle Geschlechtlichkeit ist Einseitigkeit.

Demnach wird der männlichste Mann das weiblichste Weib suchen und *vice versa*, und eben so jedes Individuum das ihm im Grade der Geschlechtlichkeit entsprechende. Inwiefern nun hierin zwischen Zweien das erforderliche Verhältniß Statt habe, wird instinktmäßig von ihnen gefühlt, und liegt, nebst den andern RELATIVEN Rücksichten, den höhern Graden der Verliebtheit zum Grunde. Während daher die Liebenden pathetisch von der Harmonie ihrer Seelen reden, ist meistens die hier nachgewiesene, das zu erzeugende Wesen und seine Vollkommenheit betreffende Zusammenstimmung der Kern der Sache, und an derselben auch offenbar viel mehr gelegen, als an der Harmonie ihrer Seelen, – welche oft, nicht lange nach der Hochzeit, sich in eine schreiende Disharmonie auflöst. Hieran schließen sich nun die ferneren relativen Rücksichten, welche darauf beruhen, daß Jedes seine Schwächen, Mängel und Abweichungen vom Typus durch das Andere aufzuheben trachtet, damit sie nicht im zu erzeugenden Kinde sich perpetuiren, oder gar zu völligen Abnormitäten anwachsen. Je schwächer in Hinsicht auf Muskelkraft ein Mann ist, desto mehr wird er kräftige Weiber suchen: eben so das Weib ihrerseits. Da nun aber dem Weibe eine schwächere Muskelkraft naturgemäß und in der Regel ist; so werden auch in der Regel die Weiber den kräftigeren Männern den Vorzug geben. – Ferner ist eine wichtige Rücksicht die Größe. Kleine Männer haben einen entschiedenen Hang zu großen Weibern, und *vice versa*: und zwar wird in einem kleinen Mann die Vorliebe für große Weiber um so leidenschaftlicher seyn, als er selbst von einem großen Vater gezeugt und nur durch den Einfluß der Mutter klein geblieben ist; weil er vom Vater das Gefäßsystem und die Energie desselben, die einen großen Körper mit Blut zu versehen vermag, überkommen hat: waren hingegen sein Vater und Großvater schon klein; so wird jener Hang sich weniger fühlbar machen. Der Abneigung eines großen Weibes gegen große Männer liegt die Absicht der Natur zum Grunde, eine zu große Rasse zu vermeiden, wenn sie, mit den von DIESEM Weibe zu ertheilenden Kräften, zu schwach ausfallen würde, um lange zu leben. Wählt dennoch ein solches Weib einen großen Gatten, etwan um sich in der Gesellschaft besser zu präsentiren; so wird, in der Regel, die Nachkommenschaft die Thorheit büßen. – Sehr entschieden ist ferner die Rücksicht auf die Komplexion. Blonde verlangen durchaus Schwarze oder Braune; aber nur selten diese jene. Der Grund hievon ist, daß blondes Haar und blaue Auen schon eine Spielart, fast eine Abnormität ausmachen: den weißen Mäusen, oder wenigstens den Schimmeln analog. In keinem andern Welttheil sind sie, selbst nicht in der Nähe der Pole, einheimisch, sondern allein in Europa, und offenbar von Skandinavien ausgegangen. Beiläufig sei hier meine Meinung ausgesprochen, daß dem Menschen die weiße Hautfarbe nicht natürlich ist, sondern er von Natur schwarze, oder braune Haut hat, wie unsere Stammväter die Hindu; daß folglich nie ein weißer Mensch ursprünglich aus dem Schooße der Natur hervorgegangen ist, und es also keine weiße Rasse giebt, so viel auch von ihr geredet wird, sondern jeder weiße Mensch ein abgeblichener ist. [...] Endlich sucht auch in den einzelnen Körpertheilen Jedes das Korrektiv seiner Mängel und Abweichungen, und um so entschiedener, je wichtiger der Theil ist. Daher haben stumpfnäsige Individuen ein unaussprechliches Wohlgefallen an Habichtsnasen, an Papagaiengesichtern: eben so ist es rücksichtlich aller übrigen Theile. Menschen von übermäßig schlankem, lang gestreckten Körper- und Gliederbau können sogar einen über die Gebühr gedrungenen und verkürzten schön finden.

Der tiefe Ernst, mit welchem wir jeden Körpertheil des Weibes prüfend betrachten, und sie ihrerseits das Selbe thut, die kritische Skrupulosität, mit der wir ein Weib, das uns zu gefallen anfängt, mustern, der Eigensinn unserer Wahl, die gespannte Aufmerksamkeit, womit der Bräutigam die Braut beobachtet, seine Behutsamkeit, um in keinem Theile getäuscht zu werden, und der große Werth, den er auf jedes Mehr oder Weniger, in den wesentlichen Theilen, legt, – Alles dieses ist der Wichtigkeit des Zweckes ganz angemessen.

»Der Gehörnte«. Zeichnung von Arthur Schopenhauer

Es liegt etwas ganz Eigenes in dem tiefen, unbewußten Ernst, mit welchem zwei junge Leute verschiedenen Geschlechts, die sich zum ersten Male sehen, einander betrachten; dem forschenden und durchdringenden Blick, den sie auf einander werfen; der sorgfältigen Musterung, die alle Züge und Theile ihrer beiderseitigen Personen zu erleiden haben. Dieses Forschen und Prüfen nämlich ist die MEDITATION DES GENIUS DER GATTUNG über das durch sie Beide mögliche Individuum und die Kombination seiner Eigenschaften. Nach dem Resultat derselben fällt der Grad ihres Wohlgefallens an einander und ihres Begehrens nach einander aus. Dieses kann, nachdem es schon einen bedeutenden Grad erreicht hatte, plötzlich wieder erlöschen, durch die Entdeckung von Etwas, das vorhin unbemerkt geblieben war. – Dergestalt also meditirt in Allen, die zeugungsfähig sind, der Genius der Gattung das kommende Geschlecht. Die Beschaffenheit desselben ist das große Werk, womit KUPIDO, unablässig thätig, spekulirend und sinnend, beschäftigt ist. Gegen die Wichtigkeit seiner großen Angelegenheit, als welche die Gattung und alle kommenden Geschlechter betrifft, sind die Angelegenheiten der Individuen, in ihrer ganzen ephemeren Gesammtheit, sehr geringfügig: daher ist er stets bereit, diese rücksichtslos zu opfern. Denn er verhält sich zu ihnen wie ein Unsterblicher zu Sterblichen, und seine Interessen zu den ihren wie unendliche zu endlichen. Im Bewußtseyn also, Angelegenheiten höherer Art, als alle solche, welche nur individuelles Wohl und Wehe betreffen, zu verwalten, betreibt er dieselben, mit erhabener Ungestörtheit, mitten im Getümmel des Krieges, oder im Gewühl des Geschäftslebens, oder zwischen dem Wüthen einer Pest, und geht ihnen nach bis in die Abgeschiedenheit des Klosters.

VII
Über Autoren und Verleger

»... seyn Sie ruhig: ich bin
ein Mann, der Spaaß versteht.«

Herrn Buchhändler *Brockhaus* in *Leipzig*.

P. P.

Da mir Hr. v. Biedenfeld gesagt hat, daß Sie, auf eine vorläufige Anfrage, nicht abgeneigt wären, ein Manuskript von mir zu drucken; so nehme ich mir die Freiheit Ihnen näher anzugeben, wovon die Rede ist.

Ich will nämlich zur nächsten MichaelisMesse ein philosophisches Werk erscheinen lassen, an welchem ich hier seit 4 Jahren unablässig gearbeitet habe. – Es wäre nun einerseits sehr am unrechten Ort, dem Verleger gegenüber als Schriftsteller den Bescheidenen spielen zu wollen: andrerseits ist es überall unrecht den Charlatan zu machen. Daher will ich Ihnen zugleich offen und gewissenhaft über mein Werk dasjenige sagen, woran Ihnen, meines Erachtens, gelegen seyn kann. Zugleich aber nehme ich Ihnen, als einem Mann von Ehre, hiemit das Versprechen ab, das Gesagte streng zu verschweigen, sogar den Titel des Buchs, welchen Niemand früher als aus dem MeßKatalog erfahren soll.

Mein Werk also ist ein neues philosophisches System: aber neu im ganzen Sinn des Worts: nicht neue Darstellung des schon Vorhandenen: sondern eine im höchsten Grad zusammenhangende Gedankenreihe, die bisher noch nie in irgend eines Menschen Kopf gekommen. Das Buch, in welchem ich das schwere Geschäft, sie

Andern verständlich mitzutheilen ausgeführt habe, wird, meiner festen Ueberzeugung nach, eines von denen seyn, welche nachher die Quelle und der Anlaß von hundert andern Büchern werden. [...] Wollte ich demnach, gemäß dem Werthe, welchen ich auf mein Werk lege, meine Forderungen an Sie abmessen, so würden diese außerordentlich, ja unerschwingbar ausfallen. Sogar aber wenn ich auch nur nach dem Werth, den, meines Erachtens, das Manuskript für den Verleger haben wird, die Forderungen machen wollte, würden sie schon stark seyn. Allein auch dieses werde ich nicht, weil ich nicht verlangen kann, daß Sie alles Gesagte mir ganz auf mein Wort glauben, sondern Sie natürlich argwöhnen müssen, ich sei durch Eigenliebe bestochen. Dies annehmend bequeme ich mich von der Rücksicht auszugehn, daß mein Name noch sehr wenig bekannt ist, und daß ein philosophisches Werk, solange es keinen Ruhm erlangt hat, vor's Erste kein großes Publikum findet, wiewohl nachher ein desto größeres. Hierauf also gründen sich folgende höchst billige Forderungen.

[...] Sie machen Sich verbindlich das Werk zur Michaelismesse zu liefern, auf gutem Druckpapier, in großem Format, mit scharfen Lettern schön gedruckt. Sie versprechen in einem Kontrakt allerhöchstens 800 Exemplar zu drucken und begeben sich förmlich aller Ansprüche auf eine 2te Auflage. Sie versprechen mir auf Ehre und Gewissen jeden Bogen 3 Mal und das letzte Mal von einem wirklichen von mir genehmigten Gelehrten, der das *MS* zur Hand hat, auf das sorgfältigste korrigiren zu lassen. Sie bezahlen mir das kaum nennenswerthe Honorar von einem Dukaten für den gedruckten Bogen, und zwar gleich bei Ablieferung des *M. S.*

Ich glaube daß es eine ganz überflüssige Erinnerung ist, und bitte in so fern um Verzeihung, wenn ich Ihnen bemerke, daß ohne mein Wissen und Wollen auch nicht ein Wort geändert werden darf, auch nicht auf etwaniges Antragen des Censors. In diesem Punkt würde ich die auffallendeste Empfindlichkeit öffentlich zu erkennen geben.

Der Altenburger Buchdrucker hat nichts geschickt. Der August ist zu Ende. In 7 Wochen sind 4 Bogen gedruckt. Es liegt am Tage, daß bei Ihnen Wort und That, Versprechen und Halten, zwei sehr verschiedene Dinge sind. Das Wenige was gedruckt ist hat gegen die ausdrückliche Bestimmung des Kontrakts 35 Zeilen auf der Seite. Sie haben nicht nur den Kontrakt nicht gehalten, sondern auch seitdem mich mit fortdauernden Versprechen und Versicherungen zum Besten gehabt, was mich doppelt aufbringt. Sie haben mich ermahnt doch ja zum Anfang September den Rest fertig zu haben, weil sonst das Werk nicht zur Messe fertig seyn könnte: ich habe gearbeitet wie ein verhungerter Abschreiber, und sehe nun, daß es nichts hilft. – Sie wissen wie wichtig mir die Erscheinung meines Werkes ist und können daraus schließen wie ich gegen Sie gesinnt bin. Mit welcher Zuversicht daß mein Werk erscheint, soll ich jetzt nach Italien gehn? Alles ist zu meiner Abreise bereit und nichts hält mich, als Sie: weil mir mein Werk meiner Person weit vorgeht. Es ist nichts schrecklicher für mich, als mit Leuten zu thun zu haben, deren Worte keinen Glauben verdienen. Ich weiß nicht woran ich bin und werde es nicht wissen, nach Allem was Sie mir jetzt auch schreiben mögen: denn wie soll ich Ihren Worten trauen?

Ich will jetzt das Honorar haben: hauptsächlich zum Beweise daß es Ihnen Ernst ist zu drucken: sodann weil ich zur Reise alle Gelder einziehen muß die mir zukommen. Obgleich dies Honorar nicht der 10te Theil ist, von dem was der Sache angemessen wäre; so muß ich, nach Ihrem bisherigen Verfahren, fürchten, daß Sie auch dessen Auszahlung verzögern werden: was mich in diesem Argwohn bestätigt, ist Ihr Schweigen über diesen Punkt, so oft ich ihn berührte, und zudem höre ich von mehreren Seiten daß Sie mit Bezahlen des Honorars meistens warten ließen, auch wohl überhaupt Anstand nähmen. [...]

Was ich von Ihnen, nach meiner eignen Festsetzung, zu fordern habe, ist so bitterwenig, daß ich nicht ein Wort daran wenden würde; wäre es nicht, daß ich von Ihnen das Honorar so fordre, wie man vom Veturino sich einen Thaler geben läßt, um sicher zu seyn daß er wirklich fährt. [...]

Messen Sie übrigens es sich selbst bei, daß meine Geduld, wie Sie sehn, zu Ende ist.

Ewr Wohlgeborn
werden es ganz in der Ordnung finden, daß ich mich an Sie wende, um Ihnen den Verlag des zweiten Bandes der »Welt als Wille und Vorstellung« anzutragen, den ich nunmehr vollendet habe. Hingegen wird es Sie wundern, daß ich denselben erst 24 Jahre nach dem ersten liefere. Doch ist der Grund kein anderer, als eben nur, daß ich nicht früher habe damit fertig werden können [...].

Ewr Wohlgeborn
haben in Ihrem geehrten Schreiben mir eine ablehnende Antwort ertheilt, welche für mich so unerwartet,

wie niederschlagend ist. Dennoch muß ich die Vorschläge, welche Sie mir wohlmeinend machen, entschieden von der Hand weisen. Allerdings bin ich gewilligt, dem Publiko ein Geschenk zu machen, und ein sehr werthvolles: aber für mein Geschenk noch obendrein bezahlen, das will und werde ich nicht. Es ist gerade, als ob Jemand, dem ich eine für ihn wichtige Nachricht zu schreiben hätte, verlangen wollte, daß ich auch noch den Brief frankirte. Ist es mit der offenkundigen Gesunkenheit des Zeitalters wirklich so weit gekommen, daß, während Hegelscher Unsinn seine wiederholten Gesammtauflagen erlebt und das hohlste philosophische Geträtsche von hundert Alltagsköpfen, die noch dazu nichts gelernt haben, vom Publiko bezahlt wird, indem ja jede Messe dergleichen in Fülle bringt, – an mein Werk, welches die Arbeit meines ganzen Lebens enthält, ein Verleger nicht ein Mal die Druckkosten setzen kann; – nun so mag es warten und liegen bleiben, um einst als Posthumum zu erscheinen, wann die Generation gekommen seyn wird, die jede Zeile von mir freudig bewillkommnen wird: sie wird nicht ausbleiben.

[...] In Ihrem eigenen »Blatt für litterar: Unterhaltung« las ich diesen Winter daß Göschen über schlechten Absatz der Iphigenie und des Egmont geklagt hat und der Wilhelm Meister gar nicht hatte gehn wollen. Hingegen setzt das Tagesblatt »Die Lokomotive« täglich 8000 Exemplare ab: das ist das Rechte!

Inzwischen mache ich es Ihnen durchaus nicht zum Vorwurf, daß Sie von Ihrem Standpunkte aus reden, wie ich von dem meinigen. Wechsel auf die Nachwelt sind nicht diskontabel, das weiß ich.

Gar sehr verlangt mich nach dem ersten Korrekturbogen: ich bitte sehr demselben den verbesserten Druckbogen, nebst dazu gehörigen eingeschossenen Blättern, beizulegen; damit ich darüber wache, daß der Setzer nichts ausläßt. Dann soll Alles vollkommen korrekt werden. Das Buch ist wahrlich die Arbeit meines ganzen Lebens, und ein Leben ist eine kurze Zeit für so ein Buch.

Wollen Sie nun dafür, daß ich Ihnen ein Werk von großem und bleibendem Werth umsonst gegeben habe, mir einen Ihnen ganz leichten Gefallen erweisen; so schreiben Sie mir von selbst jeden Frühling nach der Buchhändlerabrechnung, wie viele Exemplare Sie abgesetzt haben, damit ich mich freue, wenn es gut geht, und betrübe, wenn schlecht.

Aber Ihr Preis von 6 Rth. betrübt mich: ich sehe darin eine Vogelscheuche, die manchen Käufer zurückschrekken wird, der nach einigem Kampfe mit sich, allenfalls sich zu 5 Rth. entschlossen hätte: und jeder Leser wirbt andre. Mein hiesiger Verleger war, nach meinen Angaben, ganz entschieden der Meinung gewesen, Sie würden das Buch gerade auf 5 Rth. setzen: Und das hoffe ich auch noch. Lieber Himmel! wenn ich den Ruhm hätte, den ich verdiene und einst haben werde, da möchten Sie fordern was Sie wollten; aber auf meinen Schultern lastet noch die Ungerechtigkeit und Unfähigkeit des Zeitalters: da müssen wir den Keil etwas zuspitzen, wenn er eindringen soll.

Denken Sie von mir was Sie wollen: ich sage, daß meine Schriften das Beste sind, was das Jahrhundert gebracht hat, und bin nicht der Einzige, der es sagt. Wenn nur ein Mal der passive Widerstand der Philosophieprofessorengilde gebrochen ist, werden alle meine Werke noch oft gedruckt werden.

Was das Honorar betrifft, so habe ich Ihnen meine Forderung so billig gestellt, daß ich entschlossen bin, nicht davon abzugehn. Wollen Sie weniger drucken, als ich Ihnen freigestellt, so steht dies in Ihrem Belieben, aber es ändert das Honorar nicht. Sie werden sich wohl anders besinnen. 1850 war ich *so obskur*, daß 3 Buchhandlungen die Parerga nicht umsonst gewollt haben: dennoch verlangte Hayn 1200 Exemplare zu drucken. Und jetzt, da ich berühmt bin, wollten Sie von meinem Hauptwerk nur 1000 abziehn! um ja nicht ein Paar Ballen Papier zu riskiren. Sie möchten erst sehn, »ob es einschlägt«. Aber meine Werke haben eingeschlagen und daß es kracht. Ganz Europa kennt sie. Aus Moskau und Upsala kommen mir Besucher. Und es wird noch viel besser kommen: noch sehr viele Jahre hindurch wird mein Ruhm wachsen, und zwar nach den Gesetzen einer Feuersbrunst. Noch gar viele Auflagen werden meine Werke erleben. Daran ist gar nicht zu zweifeln.

Gleichfalls kann ich nicht abgehn vom Verschontbleiben mit Ihrer Belobung und Kommentar. [...]

Damals aber war mein Werk wenig bekannt: und jetzt, da es weltberühmt ist, möchten Sie es einem geehrten Publiko zu gütiger Berücksichtigung empfehlen.

Ich sehe darin eine Herabwürdigung meines Werks, indem es auf gleiche Linie gestellt wird mit allen den Büchern, die so Jahr aus Jahr ein erscheinen, – kurze Zeit zu leben; – während es eine ganz andere Lebenskraft in sich trägt. Wahrlich, sich selber, d.h. dem Absatz, würden Sie durch Ihre Belobung *schaden*; – ganz abgesehn davon, daß ich nicht begreife, wie die Verleger die hohen Inseratsgebühren an solche Anpreisungen wenden mögen; da doch Jeder in seinem Herzen fühlt, was das Arabische Sprichwort ausspricht: »glaube nicht dem Kaufmann von seiner Waare.« – Ich sage: good wine needs no bush, und will für mein Werk keinen andern Trompeter, als sein eignes Verdienst und seinen täglich wachsenden Ruhm.

Meine Büste ist vollendet, ist sehr schön und, nach dem Urtheil Aller, höchst ähnlich. Ein Bildhauer ist schlimm daran: Er kann seine Büste vervielfältigen, so gut wie der Kupferstecher, hat aber nicht, wie dieser, einen Verleger, der sie annoncirt. Da sitzt er. – Demnach bitte ich Herrn Dr E. Brockhaus, doch ja, wenn die Büste in Leipzig sichtbar seyn wird, einen kleinen Artikel darüber in die Litt: Blätter machen zu lassen. Die Büste vermehrt meine Fama und dadurch den Absatz des Buches: also – wasche eine Hand die andere.

Ich arbeite schon wohlgemuth an der 4ten Auflage, indem ich bereits einen kleinen Zusatz in mein durchschossenes Exemplar geschrieben habe. Ich hoffe wirklich sie zu erleben, indem ich glaube, daß es mit dem Absatz schneller und mit meinem Leben langsamer gehn wird, als Sie vielleicht denken.

Ich kriege mit der Zeit auch Autorität. Man muß nur hübsch alt werden; da giebt sich Alles.

Ueber die Freiheit des menschlichen Willens, GEKRÖNT von der Königl. Norwegischen Societät der Wissenschaften, zu Drontheim, am 26. Januar 1839.

Ueber das Fundament der Moral, NICHT gekrönt von der K. Dänischen Societät der Wissenschaften, zu Kopenhagen, den 30. Januar 1840.

Eben erfahre, daß der Buchhändler Beer eine komplet specificirte Bestellung aller meiner Schriften aus Batavia erhalten hat. Endlich in Asien!

Mit meinem Ruhm, lieber Herr Hebbel, erwiderte er, ist das ein *eigen Ding*. Als dramatischer Dichter besuchen Sie gewiß oft das Theater. Da wird es vielleicht auch in Ihrer Gegenwart einmal vorgekommen sein, daß der *Lampenputzer* noch nicht ganz fertig war mit dem Anzünden der Podiumlichter, als schon der Vorhang in die Höhe ging. Unter lautem Gelächter und Geklatsche des verehrungswürdigen Publici raffte sich dann der überraschte *Aufklärungsbesorger* in komischer Hast auf, um so schnell als möglich hinter den Coulissen zu verschwinden. Sehn Sie – gerade so bin Ich auf der Bühne für tragische Possen, welche man die Welt nennt, in zufälliger Verspätung noch anwesend, während die *Komödie meines Ruhmes aufgeführt wird.*

VIII
Über Buchstaben und Worte

Erfüllt mit Indignation über die schändliche Verstümmelung der deutschen Sprache, welche, durch die Hände mehrerer Tausende schlechter Schriftsteller und urtheilsloser Menschen, seit einer Reihe von Jahren, mit eben so viel Eifer wie Unverstand, methodisch und *con amore*, betrieben wird, sehe ich mich zu folgender Erklärung genöthigt: Meinen Fluch über Jeden, der, bei künftigen Drucken meiner Werke, irgend etwas daran wissentlich ändert, sei es eine Periode, oder auch nur ein Wort, eine Silbe, ein Buchstabe, ein Interpunktionszeichen.

Freund, beschneiden Sie Dukaten und Louisdore, nur beschneiden Sie nicht (nach heutiger Mode) meine Sätze. Ich schreibe, wie i c h schreibe und kein Anderer: da hat jedes Wort seinen Werth und seine Nothwendigkeit, wenn Sie solche auch nicht fühlen, noch erkennen. Ich verlange also, daß, w e n n Sie mich citiren, Sie n i e e i n e S i l b e weglassen: dazu bin ich berechtigt; ja, es versteht sich, schon ehrlicherweise, von selbst.

O, daß Sie etwas von dem edlen Fanatismus des Kilzer hätten! der schon diesen Sommer mir ernstlich vorschlug, ich sollte ein Fidei-Commissum gründen, zu dem Zweck, daß stets darüber gewacht würde, daß in meinen Werken niemals auch nur eine Silbe geändert werden könne.

Mein lieber Setzer!

Wir verhalten uns zu einander wie Leib u. Seele, müssen daher, wie diese, einander unterstützen, auf daß ein Werk zu Stande komme, daran der Herr (Brockhaus) Wohlgefallen habe. – Ich habe hierzu das Meinige gethan u. stets, bei jeder Zeile, jedem Wort, ja jedem Buchstaben, an Sie gedacht, ob Sie nämlich es auch würden lesen können. Jetzt thun Sie das Ihre. Mein Manuskript ist nicht zierlich, aber sehr deutlich, auch groß geschrieben. Die viele Ueberarbeitung u. fleißige Feile hat viele Korrekturen u. Einschiebsel herbeigeführt; jedoch Alles deutlich u. mit genauester Hinweisung auf jedes Einschiebsel durch Zeichen; so daß Sie hierin nie irren können; wenn Sie nur recht aufmerksam sind u. mit dem Vertrauen, daß Alles richtig sei, jedes Zeichen bemerken u. sein entsprechendes auf der Nebenseite suchen. – Betrachten Sie genau meine Rechtschreibung u. Interpunktion: u. denken Sie nie, Sie verständen es besser: ich bin die Seele, Sie der Leib. [...] Überall sei das *Letzte* was Sie denken oder annehmen dieses, daß ich eine Nachlässigkeit begangen hätte. –

Ich weiß von guter Hand, daß Sie in Ihrer Offizin eine sogenannte »Hausorthographie« eingeführt haben, mit welcher alles gesetzt wird. Ich rede hier von der Sache nur sofern sie mich betreffen kann. An und für sich ist es mir nicht wahrscheinlich, daß Sie besagte Orthographie auch auf Bücher, die nicht in Ihrem Verlag erscheinen, ausdehnen sollten. Allein die Sache ist mir zu wichtig, als daß ich mich mit Muthmaaßungen begnügen könnte. Daher also frage ich an: wollen Sie mir versprechen, besagtes Werk genau mit *meiner* Orthographie und Interpunktion setzen zu lassen, wie auch dafür zu sorgen, daß die, in solcher Hinsicht, von mir bei der letzten Korrektur berichtigten, etwanigen Druckfehler vom Setzer gewissenhaft verbessert werden? Dann bitte ich mir in Ihrer gefälligen Antwort dies Versprechen deutlich und explicite zu ertheilen, und die Sache ist abgemacht. Sollten Sie hingegen mir dies nicht versprechen wollen; so kann die Schrift nicht bei Ihnen gedruckt werden, und auch sonst keine von mir, so lange Sie bei der Hausorthographie beharren. Ich will es nicht hoffen.

Habe mich aber sehr geärgert. Ich glaube es ist ein neuer Setzer: der bisherige hat sich dergleichen nicht erlaubt.

Also rufe ich Sie an: jagen Sie den Leuten einen Schreck ein: sie sollen sich nicht die kleinste Aenderung gestatten: z. B. auch nicht deutsche Lettern nehmen, wo ich lateinische habe. Denn jetzt kommt der *2te Band*, eine delikate Affäre! Da muß Alles auf ein Haar seyn, wie ich es habe.

IX

Über die, seit einigen Jahren, methodisch betriebene Verhunzung der Deutschen Sprache

Die Sprache ist der *einzige* entschiedene Vorzug, den die Deutschen vor andern Nationen haben. [...]

Und eine solche Sprache sollten wir der Willkür und Laune und dem stupiden Unverstande höchst unwissender Sudler, Zeitungsschreiber, Buchhändlerlöhnlinge und geldbedürftiger Bücherfabrikanten jeder Art Preis geben? *Ubi est judicium*? Seid ihr von Sinnen? Dem besagten saubern Pack schreibt, ja *sprecht* ihr nach! –

Die ganze gegenwärtige Schriftstellergeneration, welche nicht ein einziges bleibendes Werk hinterlassen wird, soll nicht das Andenken ihres ephemeren und ruhmlosen Daseyns dadurch perpetuiren, daß sie die kostbare deutsche Sprache, diesen wahren Nationalschatz, nach ihrem verstand-, geschmack- und ohrlosen Kaprice verhunzt und sie so zugerichtet, und mit den Spuren ihrer Tatzen versehen, den kommenden, vielleicht edleren Geschlechtern, überliefert. –

Daher sollte, in allem Ernst, von Staats wegen dafür gesorgt werden, daß die Zeitungen, in sprachlicher Hinsicht, durchaus fehlerfrei wären. Man könnte, zu diesem Zweck, einen Nachcensor anstellen, der, statt des Gehaltes, vom Zeitungsschreiber, für jedes verstümmelte, oder nicht bei guten Schriftstellern anzutreffende Wort, wie auch für jeden grammatischen, selbst nur syntaktischen Fehler, auch für jede in falscher Verbindung, oder falschem Sinne, gebrauchte Präposition einen Louisd'or, als Sportel, zu erheben hätte, für freche Verhöhnung aller Grammatik aber, wie wenn ein solcher Skribler, statt »hinsichtlich«, HINSICHTS schreibt, 3 Louisd'or und im Wiederbetretungsfall das Doppelte. Oder ist etwan die deutsche Sprache vogelfrei, als eine Kleinigkeit, die nicht des Schutzes der Gesetze werth ist, den doch jeder Misthaufen genießt? – Elende Philister! – Was, in aller Welt, soll aus der deutschen Sprache werden, wenn Sudler und Zeitungsschreiber diskretionäre Gewalt behalten, mit ihr zu schalten und zu walten nach Maaßgabe ihrer Laune und ihres Unverstandes?

Alles greift zu, die Sprache zu demoliren, ohne Gnade und Schonung; ja, wie bei einem Vogelschießen, sucht jeder ein Stück abzulösen, wo und wie er nur kann. Also zu einer Zeit, da in Deutschland nicht ein einziger Schriftsteller lebt, dessen Werke sich Dauer versprechen dürfen, erlauben sich Bücherfabrikanten, Litteraten und Zeitungsschreiber die Sprache reformiren zu wollen, und so sehn wir denn dieses gegenwärtige, bei aller Langbärtigkeit, impotente, d.h. zu jeder Geistesproduktion höherer Art unfähige, Geschlecht, seine Muße dazu zu verwenden, die Sprache, in welcher große Schriftsteller geschrieben haben, auf die muthwilligste und unverschämteste Weise zu verstümmeln, um so sich ein Herostratisches Andenken zu stiften. Wenn ehemals wohl die Koryphäen der Litteratur sich, im Einzelnen, eine wohlüberlegte Sprachverbesserung erlaubten; so hält sich jetzt jeder Tintenklexer, jeder Zeitungsschreiber, jeder Herausgeber eines ästhetischen Winkelblattes befugt, seine Tatzen an die Sprache zu legen, um nach seinem Kaprice herauszureißen was ihm nicht gefällt, oder auch neue Worte einzusetzen.

Seht daher, wie sie schwelgen in der Sprachverhunzung, diese edeln Söhne der »Jetztzeit«. Seht sie nur an! kahle Köpfe, lange Bärte, Brillen statt der Augen, als Surrogat der Gedanken ein Cigarro im thierischen Maul, ein Sack auf dem Rücken statt des Rocks, Herumtreiben statt des Fleißes, Arroganz statt der Kenntnisse, Frechheit und Kamaraderie statt der Verdienste. Edele »Jetztzeit«, herrliche Epigonen, bei der Muttermilch Hegel'scher Philosophie herangewachsenes Geschlecht! Zum ewigen Andenken wollt ihr euere Tatzen in unsere alte Sprache drücken, damit der Abdruck, als Ichnolith, die Spur eueres schaalen und dumpfen Daseyns auf immer bewahre.

Man merkt es an allen Ecken und Enden: das Cigarrenrauchen, politisiren und Eisenbahnfahren ist an die Stelle ernster Studien getreten und die gelbgerauchten, langbärtigen Brillengesichter mit leeren Köpfen wagen es über die *Zopf*zeit zu spotten, in der die größten Geister gewirkt haben und gründliche Kenntniß der alten Sprachen allgemein war.

Die deutsche Sprache wird jetzt von dem *Federvieh* (wie kürzlich ein Litterat seine Kollegen nannte) methodisch zu Grunde gerichtet.

Die Beispiele sind aus Büchern, Journalen und Zeitungen alle wirklich gefunden, wiewohl nicht citirt: man wird sie finden in jedem Buch, das man aufmacht: Alle beeifern sich: die Elenden glauben, das sei Fortschritt: es ist Fortschritt, wie der vom antiken Geschmack zum Roccoco.

Eine wirkliche *Manie* ist es, die sich aller unsrer heutigen Schreiber bemächtigt hat: ihr ganzes Dichten und Trachten geht dahin, *Silben abzuknappen*, und da finden sie überall welche, die ihnen, in ihrer Unwissenheit und Bornirtheit entbehrlich scheinen: und über diese Silbenersparniß verderben sie ganze Perioden; so daß man nicht daraus klug wird und sie wiederholt liest, um herauszurathen was der Skribler sagen will. Es ist also im höchsten Grad das *pennywise and poundfoolish* der Engländer. Es ist eine wirkliche allgemeine Verschwörung gegen die Sprache. Alles fällt über sie her: der Eine reißt hier, der Andre dort, ein Stück ab, eine Silbe, wenn er kann; wo nicht, einen Buchstaben; wenigstens ein Interpunktionszeichen, – und triumphirt über die Beute. Und keine Opposition läßt sich blicken: Himmel hilf! wir sind in Deutschland!

Schreibt ihr *Spaß*, so müßt ihr es aussprechen, wie naß, Baß, daß, laß', Faß, Haß, Gaß. –

Allemal: »Bezug« statt Beziehung – Bettbezug*, und gar »*Sachverhalt*« statt Verhältniß; man denkt an Urin*verhaltung*.**

Einer (Wilhelmi) in den Heidelberger Jahrbüchern schreibt: »Ich trat in den Tempel, wo ich die Bildsäulen des Odin, Thor und Frey *traf*«; – wonach man denken sollte, er habe auf diese geschossen: aber es steht aus elender Buchstabenknickerei statt *vorfand*: wenn noch stände »antraf«, so gienge es allenfalls, wiewohl auch dies nicht richtig wäre, da es nur von zufällig anwesenden Personen gesagt werden darf, nicht aber von einem Gott in seinem Tempel.

In dem allbekannten Volksliede »Was ist des Deutschen Vaterland« heißt es:

»So weit die deutsche Zunge klingt
Und Gott im Himmel Lieder singt.«

Auf Deutsch besagt dies, daß Gott im Himmel sitzt und Lieder singt. Wir sollen's rathen! Eine Sprache soll den Gedanken *ausdrücken*; nicht uns überlassen ihn zu *rathen*. Der Casus *muß*, *muß*, *muß*, in allen Fällen, sei es durch Flexion oder Artikel, ausgedrückt werden, nicht aber dem Leser zu errathen bleiben, sonst seid ihr Huronen und Karaiben.

* »*Bezüge*« statt Beziehungen. Kopfkissen, Sophas und Stühle haben *Bezüge*: Menschen und Dinge haben Beziehungen. So ist's Deutsch. Aber elende Silbenknickerei steckt dahinter und sonst nichts. – Schreibt ihr, statt *Beziehung*, »Bezug«; so müßt ihr auch statt *Anziehung*, »Anzug« schreiben.

** »*Sachverhalt*« wird der Unbefangene für eine Abkürzung von *Sachverhaltung* nehmen, wie in Urin*verhalt*: macht ihr aus *Verhältniß Verhalt*; so müßt ihr auch aus *Behältniß Behalt* machen.

Ich benutze die Gelegenheit, Sie zu bitten, daß Sie dem Setzer *dieses* Bogens, 36, den Kopf waschen und ihm einschärfen wollen, daß er sich *genau* an meine Schrift zu halten hat und nicht ein Tittelchen eigenmächtig ändern soll. Ich gebe den Eigennamen ihre Deutsche Flexion, deren Casus zu bezeichnen, recht im Gegensatz des jämmerlichen, sprachverhunzenden Mode-Jargons der Sudler dieser Zeit. Ich habe also Kant*en*, Lock*en* im Akkusativ und Leibnitz*ens* im Genitiv: der Setzer beliebt dies zu korrigieren, läßt also die Flexion weg und schreibt sogar im *Genitiv Leibniz'* – mit dem ganzen undeutschen *Apostroph*, was in meinen Augen geradezu schändlich ist.

Das Studium *brevitatis* geht so weit, daß sie dem Teufel den Schwanz abschneiden und statt *Mephistopheles* schreiben »*Mephisto*«. –

U*nbill*« statt *Unbild* ist gerade wie im 1sten Decennio dieses Jahrhunderts ein Schriftsteller (Prof. Schütz?) »*ungeschlachtet*« statt ungeschlacht schrieb, worüber damals Goethe herzlich gelacht hat. –

Das Pronomen »*welcher, welche, welches*« ist, seiner ungebührlichen Länge wegen, bei unsern meisten Schreibern ganz verfehmt und wird ein und allemal durch *der, die* und *das* vertreten, in welcher Weise ich sagen müßte: »Die, die die, die die Buchstaben zählen, für klägliche Tröpfe halten, möchten vielleicht nicht so ganz Unrecht haben.« –

Selbstbildnis Schopenhauers, um 1855

Eine allgemein beliebte Ungezogenheit – Beispiele erläutern bekanntlich eine Sache am besten – ist zu schreiben, wie ich jetzt geschrieben habe, also Eines dem Leser zu sagen anfangen und dann, sich selber in die Rede fallend, etwas Anderes dazwischen sagen. Man findet sie überall 3 Mal auf jeder Seite. Sie glauben vielleicht, ihrem Stil dadurch Lebendigkeit zu ertheilen. Dazu gehört mehr. – Beim Sprechen ist Dergleichen verzeihlich: aber wer schreibt, und zwar für das Publikum, soll zum Voraus seine Gedanken geordnet haben und sie in gehöriger Folge vortragen.

Dies Sündenregister ist keineswegs vollständig: der geneigte Leser wird vielleicht noch ein Mal so viel hinzufügen können.

Ich bin weitläuftig gewesen und habe geschulmeistert, wozu ich wahrlich mich nicht hergegeben haben würde, wenn nicht die deutsche Sprache bedroht wäre: an nichts in Deutschland nehme ich größern Antheil, als an ihr: sie ist der einzige entschiedene Vorzug der Deutschen vor andern Nationen. [...]

Eine solche Sprache auf das Muthwilligste und Hirnloseste mißhandeln und dilapidiren zu sehen von unwissenden Sudlern, Lohnschreibern, Buchhändlersöldlingen, Zeitungsberichtern und dem ganzen Gelichter des Federviehs, ist mehr, als ich schweigend ertragen konnte und durfte.

X

Über Schriftstellerei und Stil

Zuvörderst giebt es zweierlei Schriftsteller: solche, die der Sache wegen, und solche, die des Schreibens wegen schreiben. Jene haben Gedanken gehabt, oder Erfahrungen gemacht, die ihnen mittheilenswerth scheinen; Diese brauchen Geld, und deshalb schreiben sie, für Geld. Sie denken zum Behuf des Schreibens. Man erkennt sie daran, daß sie ihre Gedanken möglichst lang ausspinnen und auch halbwahre, schiefe, forcirte und schwankende Gedanken ausführen, auch meistens das Helldunkel lieben, um zu scheinen was sie nicht sind; weshalb ihrem Schreiben Bestimmtheit und volle Deutlichkeit abgeht. Man kann daher bald merken, daß sie um Papier zu füllen schreiben: bei unsern besten Schriftstellern kann man es mitunter: z.B. stellenweise in Lessings Dramaturgie. Sobald man es merkt, soll man das Buch wegwerfen: denn die Zeit ist edel. – Honorar und Verbot des Nachdrucks sind im Grunde der Verderb der Litteratur. Schreibenswerthes schreibt nur wer ganz allein der Sache wegen schreibt. Welch ein unschätzbarer Gewinn würde es seyn, wenn, in allen Fächern einer Litteratur, nur wenige, aber vortreffliche Bücher existirten. Dahin aber kann es nie kommen, so lange Honorar zu verdienen ist.

Gegen die gewissenlose Tintenklexerei unserer Zeit und gegen die demnach immer höher steigende Sündfluth unnützer und schlechter Bücher sollten die Litteraturzeitungen der Damm seyn, indem solche, unbestechbar, gerecht und strenge urtheilend, jedes Machwerk eines Unberufenen, jede Schreiberei, mittelst welcher der leere Kopf dem leeren Beutel zu Hülfe kommen will, folglich wohl $^{9}/_{10}$ aller Bücher, schonungslos geißelten und dadurch pflichtgemäß dem Schreibekitzel und der Prellerei entgegenarbeiteten, statt solche dadurch zu befördern, daß ihre niederträchtige Toleranz im Bunde steht mit Autor und Verleger, um dem Publiko Zeit und Geld zu rauben. Ist, oder war, etwan Eine unter ihnen, welche sich rühmen kann, nie die nichtswürdigste Schreiberei gelobt, nie das Vortreffliche getadelt und herabgesetzt, oder verschmitzterweise, um die Blicke davon abzulenken, es als unbedeutend behandelt zu haben? ist Eine, welche stets die Auswahl des Anzuzeigenden gewissenhaft nach der Wichtigkeit der Bücher, und nicht nach Gevatterrekommendationen, kollegialischen Rücksichten, oder gar Verlegerschmiergeld, getroffen hat? Sieht nicht Jeder, der kein Neuling ist, sobald er ein Buch stark gelobt, oder sehr getadelt findet, fast mechanisch sogleich zurück nach der Verlegerfirma? Bestände hingegen eine Litteraturzeitung, wie die oben verlangte; so würde jedem schlechten Schriftsteller, jedem geistlosen Kompilator, jedem Abschreiber aus fremden Büchern, jedem hohlen, unfähigen, anstellungshungrigen Philosophaster, jedem verblasenen, eiteln Poetaster, die Aussicht auf den Pranger, an welchem sein Machwerk nun bald und unfehlbar zu stehn hätte, die juckenden Schreibefinger lähmen.

Jene Alltagsköpfe nämlich können schlechterdings sich nicht entschließen, zu schreiben, wie sie denken; weil ihnen ahndet, daß alsdann das Ding ein gar einfältiges

Ansehn erhalten könnte. Es wäre aber immer doch etwas. Wenn sie also nur ehrlich zu Werke gehn und das Wenige und Gewöhnliche, was sie wirklich gedacht haben, so wie sie es gedacht haben, einfach mittheilen wollten; so würden sie lesbar und sogar, in der ihnen angemessenen Sphäre, belehrend seyn. Allein, statt Dessen, streben sie nach dem Schein, viel mehr und tiefer gedacht zu haben, als der Fall ist. Sie bringen demnach was sie zu sagen haben in gezwungenen, schwierigen Wendungen, neu geschaffenen Wörtern und weitläuftigen, um den Gedanken herumgehenden und ihn verhüllenden Perioden vor. Sie schwanken zwischen dem Bestreben, denselben mitzutheilen, und dem, ihn zu verstecken. Sie möchten ihn so aufstutzen, daß er ein gelehrtes, oder tiefsinniges Ansehn erhielte, damit man denke, es stecke viel mehr dahinter, als man zur Zeit gewahr wird. Demnach werfen sie ihn bald stückweise hin, in kurzen, vieldeutigen und paradoxen Aussprüchen, die viel mehr anzudeuten scheinen, als sie besagen (herrliche Beispiele dieser Art liefern Schellings naturphilosophische Schriften); bald wieder bringen sie ihren Gedanken unter einem Schwall von Worten vor, mit der unerträglichsten Weitschweifigkeit, als brauchte es Wunder welche Anstalten, den tiefen Sinn desselben verständlich zu machen, – während es ein ganz simpler Einfall, wo nicht gar eine Trivialität ist (FICHTE, in seinen populären Schriften und hundert elende, nicht nennenswerthe Strohköpfe, in ihren philosophischen Lehrbüchern, liefern Beispiele in Fülle); oder aber sie befleißigen sich irgend einer beliebig angenommenen, vornehm seyn sollenden Schreibart, z.B. einer so recht *κατ᾽ εξοχην* gründlichen und wissenschaftlichen, wo man dann von der narkotischen Wirkung lang gesponnener, gedankenleerer Perioden zu Tode gemartert wird; (Beispiele hievon geben besonders jene unverschämtesten aller Sterblichen, die Hegelianer, in der Hegelzeitung, *vulgo* Jahrbücher der wissenschaftlichen Litteratur); oder gar sie haben es auf eine geistreiche Schreibart abgesehn, wo sie dann verrückt werden zu wollen scheinen, u. dgl. m. Alle solche Bemühungen, durch welche sie das *nascetur ridiculus mus* hinauszuschieben suchen, machen es oft schwer, aus ihren Sachen herauszubringen, was sie denn eigentlich wollen. Zudem aber schreiben sie auch Worte, ja, ganze Perioden hin, bei denen sie selbst nichts denken, jedoch hoffen, daß ein Anderer etwas dabei denken werde. Allen solchen Anstrengungen liegt nichts Anderes zum Grunde, als das unermüdliche, stets auf neuen Wegen sich versuchende Bestreben, Worte für Gedanken zu verkaufen, und, mittelst neuer, oder in neuem Sinne gebrauchter Ausdrükke, Wendungen und Zusammensetzungen jeder Art, den Schein des Geistes hervorzubringen, um den so schmerzlich gefühlten Mangel desselben zu ersetzen. Belustigend ist es, zu sehn, wie, zu diesem Zwecke, bald diese bald jene Manier versucht wird, um sie als eine den Geist vorstellende Maske vorzunehmen, welche dann auch wohl auf eine Weile die Unerfahrenen täuscht, bis auch sie eben als todte Maske erkannt, verlacht und dann gegen eine andere vertauscht wird. Da sieht man die Schriftsteller bald dithyrambisch, wie besoffen, und bald, ja schon auf der nächsten Seite, hochtrabend-, ernst-, gründlich-gelehrt, bis zur schwerfälligsten, kleinkauendesten Weitschweifigkeit, gleich der des weiland Christian Wolff, wiewohl im modernen Gewande. Am längsten aber hält die Maske der Unverständlichkeit vor, jedoch nur in Deutschland, als wo sie, von FICHTE eingeführt, von SCHELLING vervollkommnet, endlich in HEGEL ihren höchsten Klimax erreicht hat: stets mit glücklichstem Erfolge. Und doch ist nichts leichter, als so zu schreiben, daß kein Mensch es versteht; wie hingegen nichts schwerer, als bedeutende Gedanken so auszudrücken, daß Jeder sie verstehn muß.

Daher nun ist die erste, ja, schon für sich allein beinahe ausreichende Regel des guten Stils diese, DASS MAN ETWAS ZU SAGEN HABE: o, damit kommt man weit!

Den deutschen Schriftstellern würde durchgängig die Einsicht zu Statten kommen, daß man zwar, wo möglich, denken soll wie ein großer Geist, hingegen die selbe Sprache reden wie jeder Andere. Wir finden sie nämlich, umgekehrt, bemüht, triviale Begriffe in vornehme Worte zu hüllen und ihre sehr gewöhnlichen Gedanken in die ungewöhnlichsten Ausdrücke, die gesuchtesten, preziosesten und seltsamsten Redensarten zu kleiden. Hinsichtlich dieses Wohlgefallens am Bombast, überhaupt am hochtrabenden, aufgedunsenen, pretiösen, hyperbolischen und aerobatischen Stile, ist ihr Typus der Fähnrich PISTOL, dem sein Freund FALLSTAFF ein Mal ungeduldig zuruft: »sage was du zu sagen hast, wie ein Mensch aus dieser Welt!« – Liebhabern von Beispielen widme ich folgende Anzeige: »Nächstens erscheint in unserm Verlage: Theoretisch-praktisch wissenschaftliche Physiologie, Pathologie und Therapie der sogenannten Blähungen, worin diese, in ihrem organischen Zusammenhange, ihrem Seyn und Wesen nach, wie auch mit allen sie bedingenden, äußern und innern, kausalen Momenten, in der ganzen Fülle ihrer Erscheinungen und Bethätigungen, sowohl für das allgemein menschliche, als für das wissenschaftliche Bewußtseyn, systematisch dargelegt werden: eine freie, mit berichtigenden Anmerkungen und erläuternden Exkursen ausgestattete Uebertragung des Französischen Werkes: *l'art de peter.*«

XI

Über Gelehrsamkeit und Gelehrte

Wiederum kann man sagen, es gebe dreierlei Autoren: erstlich solche, welche schreiben, ohne zu denken. Sie schreiben aus dem Gedächtniß, aus Reminiscenzen, oder gar unmittelbar aus fremden Büchern. Diese Klasse ist die zahlreichste. – Zweitens solche, die während des Schreibens denken. Sie denken, um zu schreiben. Sind sehr häufig. – Drittens solche, die gedacht haben, ehe sie ans Schreiben giengen. Sie schreiben bloß, weil sie gedacht haben. Sind selten.

Es versteht sich, daß hier von hohen Fächern die Rede ist, nicht von Schriftstellern über das Branntweinbrennen.

Nur wer bei Dem, was er schreibt, den Stoff unmittelbar aus seinem eigenen Kopfe nimmt, ist werth, daß man ihn lese. Aber Büchermacher, Kompendienschreiber, gewöhnliche Historiker u.a.m. nehmen den Stoff unmittelbar aus Büchern: aus diesen geht er in die Finger, ohne im Kopf auch nur Transitozoll und Visitation, geschweige Bearbeitung, erlitten zu haben. Daher hat ihr Gerede oft so unbestimmten Sinn, daß man vergeblich sich den Kopf zerbricht, herauszubringen, was sie denn am Ende denken. Sie denken eben gar nicht. Das Buch, aus dem sie abschreiben, ist bisweilen eben so verfaßt: also ist es mit dieser Schriftstellerei, wie mit Gypsabdrücken von Abdrücken von Abdrücken.

Studierende und Studierte aller Art und jedes Alters gehn in der Regel nur auf KUNDE aus; nicht auf EINSICHT. Sie setzen ihre Ehre darin, von Allem Kunde zu haben, von allen Steinen, oder Pflanzen, oder Bataillen, oder Experimenten und sammt und sonders von allen Büchern. [...] Bei der imposanten Gelehrsamkeit jener Vielwisser sage ich mir bisweilen: o, wie wenig muß doch Einer zu denken gehabt haben, damit er so viel hat lesen können!

Die PERÜCKE ist doch das wohlgewählte Symbol des reinen Gelehrten als solchen. Sie ziert den Kopf mit einem reichlichen Maaße fremden Haares bei Ermangelung des eigenen; wie die Gelehrsamkeit in seiner Ausstattung mit einer großen Menge fremder Gedanken besteht, welche denn freilich ihn nicht so wohl und natürlich kleiden, noch so brauchbar in allen Fällen und allen Zwecken angepaßt sind, noch so fest wurzeln, noch, wenn verbraucht, sogleich durch andere aus derselben Quelle ersetzt werden, wie die dem selbsteigenen Grund und Boden entsprossenen.

Der deutsche Gelehrte ist aber auch zu arm, um redlich und ehrenhaft seyn zu können. Daher ist drehen, winden, sich ackommodiren und seine Ueberzeugung verleugnen, kriechen, schmeicheln, Partei machen und Kamaradschaft schließen, Minister, Große, Kollegen, Studenten, Buchhändler, Recensenten, kurz, Alles ehr, als die Wahrheit und fremdes Verdienst, berücksichtigen, – sein Gang und seine Methode. Er wird dadurch meistens ein rücksichtsvoller Lump.

Zwischen Professoren und unabhängigen Gelehrten besteht, von Alters her, ein gewisser Antagonismus, der vielleicht in etwas durch den zwischen Hunden und Wölfen erläutert werden könnte.

[...] Im Ganzen genommen, ist die Stallfütterung der Professuren am geeignetsten für die Wiederkäuer. Hingegen Die, welche aus den Händen der Natur die eigene Beute empfangen, befinden sich besser im Freien.

Ueberhaupt ist so ein exklusiver Fachgelehrter dem Fabrikarbeiter analog, der, sein Leben lang, nichts Anderes macht, als eine bestimmte Schraube, oder Haken, oder Handhabe, zu einem bestimmten Werkzeuge, oder Maschine, worin er dann freilich eine unglaubliche Virtuosität erlangt. Auch kann man den Fachgelehrten mit einem Manne vergleichen, der in seinem eigenen Hause wohnt, jedoch nie herauskommt. In dem Hause kennt er Alles genau, jedes Treppchen, jeden Winkel und jeden Balken; etwan wie Viktor Hugo's Quasimodo die Notredame-Kirche kennt: aber außerhalb desselben ist ihm alles fremd und unbekannt.

Lesen heißt mit einem fremden Kopfe, statt des eigenen, denken. Nun ist aber dem eigenen Denken, aus welchem allemal ein zusammenhängendes Ganzes, ein, wenn auch nicht streng abgeschlossenes, System sich zu entwickeln trachtet, nichts nachtheiliger, als ein, vermöge beständigen Lesens, zu starker Zufluß fremder Gedanken; weil diese, jeder einem andern Geiste entsprossen, einem andern Systeme angehörend, eine andere Farbe tragend, nie von selbst zu einem Ganzen des Denkens, des Wissens, der Einsicht und Ueberzeugung

Gottlob Ernst (»Aenesidemos«) Schulze
Zeichnung von Arthur Schopenhauer

zusammenfließen, vielmehr eine leise babylonische Sprachverwirrung im Kopfe anrichten und dem Geiste, der sich mit ihnen überfüllt hat, nunmehr alle klare Einsicht benehmen und so ihn beinahe desorganisiren. Dieser Zustand ist an vielen Gelehrten wahrzunehmen und macht, daß sie an gesundem Verstande, richtigem Urtheil und praktischem Takte vielen Ungelehrten nachstehn [...].

Zu einem Selbstdenker verhält sich der gewöhnliche Bücherphilosoph, wie zu einem Augenzeugen ein Geschichtsforscher: Jener redet aus eigener, unmittelbarer Auffassung der Sache. [...] Der Bücherphilosoph hingegen berichtet, was Dieser gesagt und Jener gemeint und was dann wieder ein Anderer eingewandt hat u.s.w. Das vergleicht er, wägt es ab, kritisirt es und sucht so hinter die Wahrheit der Sachen zu kommen; wobei er dem kritischen Geschichtsschreiber ganz ähnlich wird. So wird er z.B. Untersuchungen anstellen, ob Leibnitz wohl, zu irgend einer Zeit, auf eine Weile, ein Spinozist gewesen sei u.dgl.m. [...] Man könnte sich wundern über die viele Mühe, die so Einer sich giebt; da es scheint, daß, wenn er nur die Sache selbst ins Auge fassen wollte, er durch ein wenig Selbstdenken bald zum Ziele gelangen würde. Allein damit hat es einen kleinen Anstand; indem Das nicht von unserm Willen abhängt: man kann jederzeit sich hinsetzen und lesen; nicht aber – und denken. Es ist nämlich mit Gedanken, wie mit Menschen: man kann nicht immer, nach Belieben, sie rufen lassen; sondern muß abwarten, daß sie kommen. Das Denken über einen Gegenstand muß sich von selbst einstellen, durch ein glückliches, harmonirendes

Zusammentreffen des äußern Anlasses mit der innern Stimmung und Spannung: und gerade Das ist es, was jenen Leuten nie kommen will.

Wie die Schichten der Erde die lebenden Wesen vergangener Epochen reihenweise aufbewahren; so bewahren die Bretter der Bibliotheken reihenweise die vergangenen Irrthümer und deren Darlegungen, welche, wie jene Ersteren, zu ihrer Zeit, sehr lebendig waren und viel Lerm machten, jetzt aber starr und versteinert dastehn, wo nur noch der litterarische Paläontologe sie betrachtet.

Xerxes hat, nach Herodot, beim Anblick seines unübersehbaren Heeres geweint, indem er bedachte, daß von diesen Allen, nach hundert Jahren, Keiner am Leben seyn würde: wer möchte da nicht weinen, beim Anblick des dicken Meßkatalogs, wenn er bedenkt, daß von allen diesen Büchern, schon nach zehn Jahren, keines mehr am Leben seyn wird.

XII

Über die Universitätsphilosophie

Jetzt noch ein Wort für die Philosophieprofessoren.

Die Herren wollen leben und zwar von der PHILOSOPHIE leben: an DIESE sind sie, mit Weib und Kind, gewiesen, und haben, trotz dem *povera e nuda vai filosofia* des Petrarka, es darauf gewagt. Nun ist aber meine Philosophie ganz und gar nicht darauf eingerichtet, daß man von ihr leben könnte. Es fehlt ihr dazu an den ersten, für eine wohlbesoldete Kathederphilosophie unerläßlichen Requisiten, zunächst gänzlich an einer spekulativen Theologie, welche doch gerade – dem leidigen Kant mit seiner Vernunftkritik zum Trotz – das Hauptthema aller Philosophie seyn soll und muß, wenn gleich diese dadurch die Aufgabe erhält, immerfort von dem zu reden, wovon sie schlechterdings nichts wissen kann; ja, die meinige statuirt nicht ein Mal die von den Philosophieprofessoren so klug ersonnene und ihnen unentbehrlich gewordene Fabel von einer unmittelbar und absolut erkennenden, anschauenden, oder vernehmenden Vernunft, die man nur gleich Anfangs seinen Lesern aufzubinden braucht, um nachher in das von Kant unserer Erkenntniß gänzlich und auf immer abgesperrte Gebiet jenseit der Möglichkeit aller Erfahrung, auf die bequemste Weise von der Welt, gleichsam mit vier Pferden einzufahren [...]. Was nun, in aller Welt, geht meine, dieser wesentlichen Requisiten ermangelnde, rücksichtslose und nahrungslose, grüblerische Philosophie, – welche zu ihrem Nordstern ganz allein die Wahrheit, die nackte, unbelohnte, unbefreundete, oft verfolgte Wahrheit hat und, ohne rechts oder links zu blicken, gerade auf diese zusteuert, – jene *alma mater*, die gute, nahrhafte Universitätsphilosophie an, welche, mit hundert Absichten und tausend Rücksichten belastet, behutsam ihres Weges daherlavirt kommt, indem sie allezeit die Furcht des Herrn, den Willen des Ministeriums, die Satzungen der Landeskirche, die Wünsche des Verlegers, den Zuspruch der Studenten, die gute Freundschaft der Kollegen, den Gang der Tagespolitik, die momentane Richtung des Publikums und was noch Alles vor Augen hat?

In einzelnen Fällen jedoch wird er davon, daß ihr WILLE, nicht ihre EINSICHT, ihm entgegenstand, sogar den vollgültigen Beweis erhalten: wenn nämlich Einer und der Andere von ihnen sich zum Plagiat entschließt. Da wird er mit Erstaunen sehen, wie feine Kenner sie sind, welchen richtigen Takt sie für fremdes Verdienst haben und wie treffend sie das Beste herauszufinden wissen; den Sperlingen gleich, welche die reifsten Kirschen nicht verfehlen. –

Die Forderung der Deutlichkeit der Begriffe, vor welcher der schwache Verstand solcher Köpfe zurückbebt, machen diese daher selbst nicht an ihn; sondern sie behelfen sich mit einem Helldunkel, in welchem sich zu beruhigen sie gern nach WORTEN greifen, zumal nach solchen, die unbestimmte, sehr abstrakte, ungewöhnliche und schwer zu erklärende Begriffe bezeichnen, wie z.B. Unendliches und Endliches, Sinnliches und Uebersinnliches, die Idee des Seyns, Vernunft-Ideen, das Absolute, die Idee des Guten, das Göttliche, die sittliche Freiheit, Selbsterzeugungskraft, die absolute Idee, Subjekt-Objekt, u.s.w. Mit dergleichen werfen sie getrost um sich, meynen wirklich, das drücke Gedanken aus, und muthen Jedem zu, sich damit zufrieden zu stellen: denn der höchste ihnen absehbare Gipfel der Weisheit ist eben, für jede mögliche Frage dergleichen fertige Worte in Bereitschaft zu haben. Dies unsägliche GENÜGEN AN WORTEN ist für die schlechten Köpfe durchaus charakteristisch: es beruht eben auf ihrer Unfähigkeit zu deutlichen Begriffen, sobald diese über die trivialsten und einfachsten Verhältnisse hinausgehen sollen, mithin auf der Schwäche und Trägheit ihres Intellekts, ja, auf dem geheimen Bewußtseyn dieser, welches bei Gelehrten verbunden ist mit der früh erkannten, harten Nothwendigkeit, sich für denkende Wesen auszugeben, welcher Anforderung in allen Fällen zu begegnen, sie einen solchen Vorrath fertiger Worte geeignet halten. Wirklich belustigend muß es seyn, einen Philosophie-Professor dieses Schlages auf dem Katheder zu sehen, der *bona fide* einen dergleichen gedankenleeren Wortkram vorträgt, ganz ehrlich, im Wahn, dies seien eben Gedanken, und vor ihm die Studenten, welche eben so *bona fide*, d.h. im selben Wahn, andächtig zuhören und nachschreiben; während doch im Grunde weder der Eine noch die Andern über die Worte hinausgehen, vielmehr diese, nebst dem hörbaren Kratzen der Federn, das einzige Reale bei der Sache sind.

Daß die Philosophie auf Universitäten gelehrt wird, ist ihr allerdings auf mancherlei Weise ersprießlich. Sie erhält damit eine öffentliche Existenz und ihre Standarte ist aufgepflanzt vor den Augen der Menschen; wodurch stets von Neuem ihr Daseyn in Erinnerung gebracht und bemerklich wird.

Zuvörderst [...] wird eine Regierung nicht Leute besolden, um Dem, was sie durch tausend von ihr angestellte Priester, oder Religionslehrer, von allen Kanzeln verkünden läßt, direkt, oder auch nur indirekt, zu widersprechen; da Dergleichen, in dem Maaße, als es wirkte, jene erstere Veranstaltung unwirksam machen müßte.

In allen andern Wissenschaften nämlich haben die Professoren derselben bloß die Verpflichtung, nach Kräften und Möglichkeit, zu lehren was wahr und richtig ist. Ganz allein bei den Professoren der Philosophie ist die Sache *cum grano salis* zu verstehn.

In Folge hievon wird, so lange die Kirche besteht, auf den Universitäten stets nur eine solche Philosophie gelehrt werden dürfen, welche, mit durchgängiger Rücksicht auf die Landesreligion abgefaßt, dieser im Wesentlichen parallel läuft und daher stets, – allenfalls kraus figuriert, seltsam verbrämt und dadurch schwer verständlich gemacht, – doch im Grunde und in der Hauptsache nichts Anderes, als eine Paraphrase und Apologie der Landesreligion ist.

Denn daß es mit der Philosophie so recht eigentlicher, bitterer Ernst seyn könne, läßt wohl, in der Regel, kein Mensch sich weniger träumen, als ein Docent derselben; gleichwie der ungläubigste Christ der Papst zu seyn pflegt. Daher gehört es denn auch zu den seltensten Fällen, daß ein wirklicher Philosoph zugleich ein Docent der Philosophie gewesen wäre.

Es ist demnach leicht abzusehn, daß unter solchen Umständen, die Kathederphilosophie nicht wohl umhin kann, es zu machen

»Wie eine der langbeinigen Cikaden,
Die immer fliegt und fliegend springt –
Und gleich im Gras ihr altes Liedchen singt.«

Andere wieder, von diesen Wahrheitsforschern, schmelzen Philosophie und Religion zu einem Kentauren zusammen, den sie Religionsphilosophie nennen; pflegen auch zu lehren, Religion und Philosophie seien eigentlich das Selbe; – welcher Satz jedoch nur in dem Sinne wahr zu seyn scheint, in welchem Franz I., in Beziehung auf Karl V., sehr versöhnlich gesagt haben soll: »was mein Bruder Karl will, das will ich auch«, – nämlich Mailand. Wieder andere machen nicht so viele Umstände, sondern reden geradezu von einer Christlichen Philosophie; – welches ungefähr so herauskommt, wie wenn man von einer Christlichen Arithmetik reden wollte, die fünf gerade seyn ließe.

Denn das philosophische Katheder ist gewissermaaßen ein öffentlicher Beichtstuhl, wo man *coram populo* sein Glaubensbekenntniß ablegt. Sodann ist der wirklichen Erlangung gründlicher, oder gar tiefer Einsichten, also dem wahren Weisewerden, fast nichts so hinderlich, wie der beständige Zwang, weise zu scheinen, das Auskramen vorgeblicher Erkenntnisse, vor den lernbegierigen Schülern, und das Antworten-bereit-haben auf alle ersinnliche Fragen. Das Schlimmste aber ist, daß einen Mann in solcher Lage, bei jedem Gedanken, der etwan noch in ihm aufsteigt, schon die Sorge beschleicht, wie solcher zu den Absichten hoher Vorgesetzter passen würde: Dies paralysirt sein Denken so sehr, daß schon die Gedanken selbst nicht mehr aufzusteigen wagen. Der Wahrheit ist die Atmosphäre der Freiheit unentbehrlich.

Denn die Philosophie ist keine Kirche und keine Religion. Sie ist das kleine, nur äußerst Wenigen zugängliche Fleckchen auf der Welt, wo die stets und überall gehaßte und verfolgte WAHRHEIT ein Mal alles Druckes und Zwanges ledig seyn, gleichsam ihre Saturnalien, die ja auch dem Sklaven freie Rede gestatten, feiern, ja sogar die Prärogative und das große Wort haben, absolut allein herrschen und kein Anderes neben sich gelten lassen soll. Die ganze Welt nämlich, und Alles in ihr, ist voller ABSICHT und meistens niedriger, gemeiner und schlechter Absicht: nur Ein Fleckchen soll, ausgemachterweise, von dieser frei bleiben und ganz allein der EINSICHT offen stehn, und zwar der Einsicht in die wichtigsten, Allen angelegensten Verhältnisse: – Das ist die Philosophie. Oder versteht man es etwan anders? nun, dann ist Alles Spaaß und Komödie, – »wie Das denn wohl zu Zeiten kommen mag.« – Freilich nach den Kompendien der Kathederphilosophen zu urtheilen, sollte man eher denken, die Philosophie wäre eine Anleitung zur Frömmigkeit, ein Institut Kirchengänger zu bilden; da ja die spekulative Theologie meistens gleich unverholen als der wesentliche Zweck und Ziel der Sache vorausgesetzt und mit allen Segeln und Rudern nur darauf hingesteuert wird.

Zwar athmen also die Schriften unserer Universitäts-Philosophen den lebendigsten Eifer für die Theologie; dagegen aber sehr geringen für die Wahrheit. Denn ohne Scheu vor dieser werden Sophismen, Erschleichungen, Verdrehungen, falsche Assertionen, mit unerhörter Dreistigkeit, angewandt, ja angehäuft, werden sogar, wie oben ausgeführt, der Vernunft unmittelbare, übersinnliche Erkenntnisse, – also angeborene Ideen, – angedichtet, oder richtiger angelogen; Alles einzig und allein um Theologie herauszubringen: nur Theologie! nur Theologie! um jeden Preis, Theologie!

Solcher Vorbereitung jedoch entsprechend, ist bei den Kathederphilosophen das eigentliche und wesentliche Thema der Metaphysik die Auseinandersetzung des Verhältnisses Gottes zur Welt: die weitläufigsten Erörterungen desselben füllen ihre Lehrbücher. Diesen Punkt ins Reine zu bringen, glauben sie sich vor Allem berufen und bezahlt; und da ist es nun ergötzlich zu sehn, wie altklug und gelehrt sie vom Absolutum, oder Gott, reden, sich ganz ernsthaft gebärdend, als wüßten sie wirklich irgend etwas davon: es erinnert an den Ernst, mit welchem Kinder ihr Spiel betreiben. Da erscheint denn jede Messe eine neue Metaphysik, welche aus einem weitläuftigen Bericht über den lieben Gott besteht, auseinandersetzt, wie es eigentlich mit ihm stehe und wie er dazu gekommen sei, die Welt gemacht oder geboren, oder sonst wie hervorgebracht zu haben, so daß es scheint, sie erhielten halbjährlich über ihn die neuesten Berichte. Manche gerathen nun aber dabei in eine gewisse Verlegenheit, deren Wirkung hochkomisch ausfällt. Sie haben nämlich einen ordentlichen, persönlichen Gott, wie er im A. T. steht, zu lehren: das wissen sie. Andrerseits jedoch ist, seit ungefähr 40 Jahren, der Spinozistische Pantheismus, nach welchem das Wort Gottes ein Synonym von Welt ist, unter den Gelehrten und sogar den bloß Gebildeten, durchaus vorherrschend und allgemeine Mode: das möchten sie doch auch nicht so ganz fahren lassen; dürfen jedoch nach dieser verbotenen Schüssel eigentlich die Hand nicht ausstrecken. Nun suchen sie sich durch ihr gewöhnliches Mittel, dunkele, verworrene, konfuse Phrasen und hohlen Wortkram, zu helfen, wobei sie sich jämmerlich drehen und winden: da sieht man denn Einige in Einem Athem versichern, der Gott sei von der Welt total, unendlich und himmelweit, ganz eigentlich himmelweit, verschieden, zugleich aber ganz und gar mit ihr verbunden und Eins, ja, stecke bis über die Ohren drinne; wodurch sie mich dann jedes Mal an den Weber Bottom im Johannisnachtstraum erinnern, welcher verspricht, zu brüllen, wie ein entsetzlicher Löwe, zugleich aber doch so sanft, wie nur irgend eine Nachtigal flöten kann.

KANT wurde erst nach seinem 60. Jahre berühmt. Mit den Kathederphilosophen unserer Tage freilich gehn die Sachen schneller; da sie keine Zeit zu verlieren haben: nämlich der EINE Professor verkündet die Lehre seines auf der benachbarten Universität florirenden Kollegen, als den endlich erreichten Gipfel menschlicher Weisheit; und sofort ist dieser ein großer Philosoph, der unverzüglich seinen Platz in der Geschichte der Philosophie einnimmt, nämlich in derjenigen, welche ein dritter Kollege zur nächsten Messe in Arbeit hat, der nun ganz unbefangen den unsterblichen Namen der Märtyrer der

Wahrheit, aus allen Jahrhunderten, die werthen Namen seiner eben jetzt florirenden wohlbestallten Kollegen anreiht, als eben so viele Philosophen, die auch in Reihe und Glied treten können, da sie sehr viel Papier gefüllt und allgemeine kollegialische Beachtung gefunden haben. Da heißt es dann z.B. »Aristoteles und Herbart«, oder »Spinoza und Hegel«, »Plato und Schleiermacher«, und die erstaunte Welt muß sehn, daß die Philosophen, welche die karge Natur ehemals im Laufe der Jahrhunderte nur vereinzelt hervorzubringen vermochte, während dieser letzten Decennien, unter den bekanntlich so hoch begabten Deutschen, überall wie die Pilze aufgeschossen sind.

Um nun den Mangel an wirklichen Gedanken zu verbergen, machen Manche sich einen imponirenden Apparat von langen, zusammengesetzten Worten, intrikaten Floskeln, unabsehbaren Perioden, neuen und unerhörten Ausdrücken, welches Alles zusammen dann einen möglichst schwierigen und gelehrt klingenden Jargon abgiebt. Jedoch sagen sie, mit dem Allen, – nichts: man empfängt keine Gedanken, fühlt seine Einsicht nicht vermehrt, sondern muß aufseufzen: »das Klappern der Mühle höre ich wohl, aber das Mehl sehe ich nicht«.

Einige, des Uebelstandes sich bewußt, haben sich einen Vorrath fremder, meist unvollkommen, stets flach aufgefaßter Gedanken aufgespeichert, die freilich in ihren Köpfen immer noch in Gefahr sind, sich in bloße Phrasen und Worte zu verflüchtigen. Mit diesen schieben sie dann hin und her, und suchen allenfalls, sie, wie Dominosteine, an einander zu passen: sie vergleichen nämlich was Dieser gesagt hat, und was Jener, und was wieder ein Andrer, und noch Einer, und suchen daraus klug zu werden.

Durch solche Beispiele ermuthigt suchte seitdem fast jeder armsäligste Skribler etwas darin, mit pretiöser Dunkelheit zu schreiben, damit es aussähe, als vermöchten keine Worte seine hohen, oder tiefen Gedanken auszudrücken. Statt auf jede Weise bemüht zu seyn, seinem Leser deutlich zu werden, scheint er ihm oft neckend zuzurufen: »Gelt, du kannst nicht rathen was ich mir dabei denke!« Wenn nun Jener, statt zu antworten, »darum werd' ich mich den Teufel scheeren«, und das Buch wegzuwerfen, sich vergeblich daran abmüht; so denkt er am Ende, es müsse doch etwas höchst Gescheutes, nämlich sogar seine Fassungskraft Uebersteigendes seyn, und nennt nun, mit hohen Augenbrauen, seinen Autor einen tiefsinnigen Denker. Eine Folge dieser ganzen saubern Methode ist, unter andern, daß, wenn man in England etwas als sehr dunkel, ja, ganz unverständlich bezeichnen will, man sagt *it is like german metaphysics*; ungefähr wie man in Frankreich sagt *c'est clair comme la bouteille à l'encre.*

Sind nicht unzählige Köpfe der gegenwärtigen Gelehrtengeneration dadurch von Grund aus verschroben und verdorben? Stecken sie nicht voll korrupter Ansichten und lassen, wo man Gedanken erwartet, hohle Phrasen, nichtssagendes Wischiwaschi, ekelhaften Hegeljargon vernehmen? Ist ihnen nicht die ganze Lebensansicht verrückt und die platteste, philisterhafteste, ja, niedrigste Gesinnung an die Stelle der edlen und hohen Gedanken, welche noch ihre nächsten Vorfahren beseelten, getreten? Mit Einem Worte, steht nicht die am Brütofen der Hegelei herangereifte Jugend da, als am Geiste kastrirte Männer, unfähig zu denken und voll der lächerlichsten Präsumtion? wahrlich, am Geiste so beschaffen, wie am Leibe gewisse Thronerben, welche man weiland durch Ausschweifungen, oder Pharmaka, zur Regierung, oder doch zur Fortführung ihres Stammes, unfähig zu machen suchte; geistig entnervt, des regelrechten Gebrauchs ihrer Vernunft beraubt, ein Gegenstand des Mitleids, ein bleibendes Thema der Vaterthränen.

In dieser Stunde hat er* außer dem hier Aufgeschriebenen Sachen gesagt die mir den Wunsch auspreßten, ihm eine Pistole auf die Brust sezzen zu dürfen und dann zu sagen: Sterben mußt du jezt ohne Gnade; aber um deiner armen Seele Willen, sage ob du dir bey dem Gallimathias etwas deutliches gedacht hast oder uns blos zu Narren gehabt hast?

Und hier hieß es für mich:
Lisch aus, mein Licht, lisch ewig aus,
Fahr hin, fahr hin in Nacht u. Graus!

Ego. Da er heute nur das reine Licht, aber keine Talglichte aufsteckte, konnte das Protokoll nicht weiter geführt werden.

Da auch heute die Talglichte nicht in die Sichtbarkeit traten, mußte das Protokoll abgebrochen werden.

»Der Rest ist – Wind.« *Hamlet.*

* Fichte

XIII
Vom Hauen und Stechen

So viel, was das Schimpfen betrifft. Nun aber giebt es sogar noch etwas Aergeres, als Schimpfen, etwas so Erschreckliches, daß ich wegen dessen bloßer Erwähnung in diesem Kodex der ritterlichen Ehre, die »Leute von Ehre« um Verzeihung zu bitten habe, da ich weiß, daß beim bloßen Gedanken daran ihnen die Haut schaudert und ihr Haar sich emporsträubt, indem es das *summum malum*, der Uebel größtes auf der Welt, und ärger als Tod und Verdammniß ist. Es kann nämlich, *horrible dictu*, Einer dem Andern einen Klaps, oder Schlag versetzen. Dies ist eine entsetzliche Begebenheit und führt einen so kompleten Ehrentod herbei, daß, wenn alle andern Verletzungen der Ehre schon durch Blutlassen zu heilen sind, diese zu ihrer gründlichen Heilung einen kompleten Todschlag erfordert.

3) Die Ehre hat mit Dem, was der Mensch an und für sich seyn mag, oder mit der Frage, ob seine moralische Beschaffenheit sich jemals ändern könne, und allen solchen Schulfuchsereien, ganz und gar nichts zu thun; sondern wann sie verletzt, oder vor der Hand verloren ist, kann sie, wenn man nur schleunig dazuthut, recht bald und vollkommen wiederhergestellt werden, durch ein einziges Universalmittel, das Duell. Ist jedoch der Verletzer nicht aus den Ständen, die sich zum Kodex der ritterlichen Ehre bekennen, oder hat derselbe diesem schon ein Mal zuwider gehandelt; so kann man, zumal wenn die Ehrenverletzung eine thätliche, aber auch wenn sie eine bloß wörtliche gewesen seyn sollte, eine sichere Operation vornehmen, indem man, wenn man

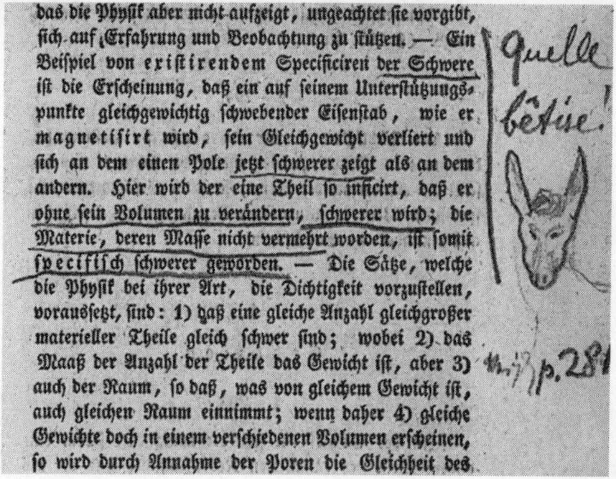
das die Physik aber nicht aufzeigt, ungeachtet sie vorgibt, sich auf Erfahrung und Beobachtung zu stützen. — Ein Beispiel von existirendem Specificiren der Schwere ist die Erscheinung, daß ein auf seinem Unterstützungspunkte gleichgewichtig schwebender Eisenstab, wie er magnetisirt wird, sein Gleichgewicht verliert und sich an dem einen Pole jetzt schwerer zeigt als an dem andern. Hier wird der eine Theil so inficirt, daß er ohne sein Volumen zu verändern, schwerer wird; die Materie, deren Masse nicht vermehrt worden, ist somit specifisch schwerer geworden. — Die Sätze, welche die Physik bei ihrer Art, die Dichtigkeit vorzustellen, voraussetzt, sind: 1) daß eine gleiche Anzahl gleichgroßer materieller Theile gleich schwer sind; wobei 2) das Maaß der Anzahl der Theile das Gewicht ist, aber 3) auch der Raum, so daß, was von gleichem Gewicht ist, auch gleichen Raum einnimmt; wenn daher 4) gleiche Gewichte doch in einem verschiedenen Volumen erscheinen, so wird durch Annahme der Poren die Gleichheit des

Kritzelei am Rand von G. W. F. Hegels *Encyclopädie der philosophischen Wissenschaften im Grundrisse*, Heidelberg 1827

bewaffnet ist, ihn auf der Stelle, allenfalls auch noch eine Stunde nachher, niedersticht; wodurch dann die Ehre wieder heil ist. Außerdem aber, oder wenn man, aus Besorgniß vor daraus entstehenden Unannehmlichkeiten, diesen Schritt vermeiden möchte, oder wenn man bloß ungewiß ist, ob der Beleidiger sich den Gesetzen der ritterlichen Ehre unterwerfe, oder nicht, hat man ein Palliativmittel, an der »Avantage«. Diese besteht darin, daß, wenn er grob gewesen ist, man noch merklich gröber sei: geht dies mit Schimpfen nicht mehr an, so schlägt man drein und zwar ist auch hier ein Klimax der Ehrenrettung: Ohrfeigen werden durch Stockschläge kurirt, diese durch Hetzpeitschenhiebe: selbst gegen Letztere wird von Einigen das Anspucken als probat empfohlen. Nur wenn man mit diesen Mitteln nicht mehr zur Zeit kommt, muß durchaus zu blutigen Operationen geschritten werden. Diese Palliativmethode hat ihren Grund eigentlich in der folgenden Maxime.

4) Wie Geschimpftwerden eine Schande, so ist Schimpfen eine Ehre. Z. B. auf der Seite meines Gegners sei Wahrheit, Recht und Vernunft; ich aber schimpfe; so müssen diese Alle einpacken, und Recht und Ehre ist auf meiner Seite: er hingegen hat vorläufig seine Ehre verloren, – bis er sie herstellt, nicht etwan durch Recht und Vernunft, sondern durch Schießen und Stechen. Demnach ist die Grobheit eine Eigenschaft, welche, im Punkte der Ehre, jede andere ersetzt, oder überwiegt: der Gröbste hat allemal Recht:

Hatten wir, weiter oben, die bürgerliche Ehre sehr skrupulös gefunden im Punkte des Mein und Dein, der eingegangenen Verpflichtungen und des gegebenen Wortes; so zeigt hingegen der hier in Betrachtung genommene Kodex darin die nobelste Liberalität. Nämlilch nur EIN Wort darf nicht gebrochen werden, das Ehrenwort, d.h. das Wort, bei dem man gesagt hat »auf Ehre!« – woraus die Präsumtion entsteht, daß jedes andere Wort gebrochen werden darf. Sogar bei dem Bruch dieses Ehrenworts läßt sich zur Noth die Ehre noch retten, durch das Universalmittel, das Duell, hier mit Denjenigen, welche behaupten, wir hätten das Ehrenwort gegeben. – Ferner: nur EINE Schuld giebt es, die unbedingt bezahlt werden muß, – die Spielschuld, welche auch demgemäß den Namen »Ehrenschuld« führt. Um alle übrigen Schulden mag man Juden und Christen prellen: das schadet der ritterlichen Ehre durchaus nicht. –

Daß den Alten jenes Vorurtheil völlig fremd war, bezeugen eine Menge uns aufbehaltener Züge. Als z. B. ein Teutonischer Häuptling den Marius zum Zweikampf herausgefordert hatte, ließ dieser Held ihm antworten: »wenn er seines Lebens überdrüssig wäre, möge er sich aufhängen«, bot ihm jedoch einen ausgedienten Gladiator an, mit dem er sich herumschlagen könne.

Sokrates ist, in Folge seiner häufigen Disputationen, oft thätlich mißhandelt worden, welches er gelassen ertrug: als er einst einen Fußtritt erhielt, nahm er es geduldig hin und sagte Dem, der sich hierüber wunderte: »würde ich denn, wenn mich ein Esel gestoßen hätte, ihn verklagen?«

XIV
Über Lärm und Geräusch

Kant hat eine Abhandlung über die lebendigen Kräfte geschrieben: ich aber möchte eine Nänie und Threnodie über dieselben schreiben; weil ihr so überaus häufiger Gebrauch, im Klopfen, Hämmern und Rammeln, mir mein Leben hindurch, zur täglichen Pein gereicht hat. Allerdings giebt es Leute, ja, recht viele, die hierüber lächeln; weil sie unempfindlich gegen Geräusch sind: es sind jedoch eben die, welche auch unempfindlich gegen Gründe, gegen Gedanken, gegen Dichtungen und Kunstwerke, kurz, gegen geistige Eindrücke jeder Art sind: denn es liegt an der zähen Beschaffenheit und handfesten Textur ihrer Gehirnmasse. Hingegen finde ich Klagen über die Pein, welche denkenden Menschen der Lerm verursacht, in den Biographien, oder sonstigen Berichten persönlicher Aeußerungen fast aller großen Schriftsteller, z.B. Kant's, Göthe's, Jean Paul's; ja, wenn solche bei irgend Einem fehlen sollten, so ist es bloß, weil der Kontext nicht darauf geführt hat. Ich lege mir die Sache so aus: wie ein großer Diamant, in Stücke zerschnitten, an Werth nur noch eben so vielen kleinen gleich kommt; oder wie ein Heer, wenn es zersprengt, d.h. in kleine Haufen aufgelöst ist, nichts mehr vermag; so vermag auch ein großer Geist nicht mehr, als ein gewöhnlicher, sobald er unterbrochen, gestört, zerstreut, abgelenkt wird; weil seine Ueberlegenheit dadurch bedingt ist, daß er alle seine Kräfte, wie ein Hohlspiegel alle seine Strahlen, auf einen Punkt und Gegenstand koncentrirt; und hieran eben verhindert ihn die lermende Unterbrechung. Darum also sind die eminenten Geister stets jeder Störung, Unterbrechung und Ablenkung, vor Allem aber der gewaltsamen durch Lerm, so höchst abhold gewesen; während die übrigen dergleichen nicht europäischen Nationen hat sogar die Regel *never interrupt*, – »du sollst niemals unterbrechen«, – das elfte Gebot genannt. Der Lerm aber ist die impertinenteste aller Unterbrechungen, da er sogar unsere eigenen Gedanken unterbricht, ja, zerbricht. Wo jedoch nichts zu unterbrechen ist, da wird er freilich nicht sonderlich empfunden werden. – Bisweilen quält und stört ein mäßiges und stätiges Geräusch mich eine Weile, ehe ich seiner mir deutlich bewußt werde, indem ich es bloß als eine konstante Erschwerung meines Denkens, wie einen Block am Fuße, empfinde, bis ich inne werde, was es sei. –

Nunmehr aber, vom *genus* auf die *species* übergehend, habe ich, als den unverantwortlichsten und schändlichsten Lerm, das wahrhaft infernale Peitschenklatschen, in den hallenden Gassen der Städte, zu denunciren. Dieser plötzliche, scharfe, hirnzerschneidende und gedankenmörderische Knall muß von Jedem, der nur irgend etwas, einem Gedanken Aehnliches im Kopfe herumträgt, schmerzlich empfunden werden: jeder solcher Knall muß daher Hunderte in ihrer geistigen Tätigkeit, so niedriger Gattung sie auch immer seyn mag, stören: dem Denker aber fährt er durch seine Meditationen so schmerzlich und verderblich, wie das Richtschwerdt zwischen Kopf und Rumpf. Hiezu nun aber nehme man, daß dieses vermaladeite Peitschenklatschen nicht nur unnöthig, sondern sogar unnütz ist. Die durch dasselbe beabsichtigte psychische Wirkung auf die Pferde nämlich ist durch die Gewohnheit, welche der unabläßige Mißbrauch der Sache herbeigeführt hat, ganz abgestumpft und bleibt aus: sie beschleunigen ihren Schritt nicht danach; wie besonders an leeren und Kunden suchenden Fiakern, die, im langsamsten Schritte fahrend, unaufhörlich klatschen, zu ersehn ist: die leiseste Berührung mit der Peitsche wirkt mehr. Die Sache stellt demnach sich eben dar als ein frecher Hohn des mit den Armen arbeitenden Theiles der Gesellschaft gegen den mit dem Kopfe arbeitenden. Daß eine solche Infamie in Städten geduldet wird ist eine grobe Barbarei und eine Ungerechtigkeit; um so mehr, als es gar leicht zu beseitigen wäre, durch polizeiliche Verordnung eines Knotens am Ende jeder Peitschenschnur. Es kann nicht schaden, daß man die Proletarier auf die Kopfarbeit der über ihnen stehenden Klassen aufmerksam mache: denn sie haben vor aller Kopfarbeit eine unbändige Angst. Daß nun aber ein Kerl, der mit ledigen Postpferden, oder auf einem Karrengaul, die engen Gassen einer Stadt durchreitend, mit einer klafterlangen Peitsche aus Leibeskräften unaufhörlich klatscht, nicht verdiene, sogleich abzusitzen, um fünf aufrichtig gemeinte Stockprügel zu empfangen, Das werden mir alle Philanthropen der Welt, nebst den legislativen, sämmtliche Leibesstrafen, aus guten Gründen, abschaffenden Versammlungen, nicht einreden. Soll denn, bei der so allgemeinen Zärtlichkeit für den Leib und alle seine Befriedigungen, der denkende Geist das Einzige seyn, was nie die geringste Berücksichtigung, noch Schutz, geschweige Respekt erfährt? – Wir wollen hoffen, daß die intelligenteren und feiner fühlenden Nationen auch hierin den Anfang machen und dann, auf dem Wege des Beispiels, die Deutschen ebenfalls dahin werden gebracht werden. Von diesen sagt inzwischen THOMAS HOOD (*up the Rhine*) *for a musical people, they are the most noisy I ever met with* (für eine musikalische Nation, sind sie die lermendeste, welche mir je vorgekommen).

Auch könnte unmöglich, wenn diese Welt von eigentlich denkenden Wesen bevölkert wäre, der Lerm jeder Art so unbeschränkt erlaubt und freigegeben seyn, wie sogar der entsetzlichste und dabei zwecklose es ist. – Wenn nun aber gar schon die Natur den Menschen zum Denken bestimmt hätte; so würde sie ihm keine Ohren gegeben, oder diese wenigstens, wie bei den Fledermäusen, die ich darum beneide, mit luftdichten Schließklappen versehn haben. In Wahrheit aber ist er, gleich den andern, ein armes Thier, dessen Kräfte bloß auf die Erhaltung seines Daseyns berechnet sind, weshalb es der stets offenen Ohren bedarf, als welche, auch unbefragt und bei Nacht wie bei Tage, die Annäherung des Verfolgers ankündigen.

XV
Happy-End eines Pessimisten

Was nun aber, von jenen Allen, uns am unmittelbarsten beglückt, ist die Heiterkeit des Sinnes: denn diese gute Eigenschaft belohnt sich augenblicklich selbst. Wer eben fröhlich ist hat allemal Ursach es zu seyn: nämlich eben diese, daß er es ist. Nichts kann so sehr, wie diese Eigenschaft, jedes andere Gut vollkommen ersetzen; während sie selbst durch nichts zu ersetzen ist. Einer sei jung, schön, reich und geehrt; so frägt sich, wenn man sein Glück beurtheilen will, ob er dabei heiter sei: ist er hingegen heiter; so ist es einerlei, ob er jung oder alt, gerade oder pucklich, arm oder reich sei; er ist glücklich. In früher Jugend machte ich ein Mal ein altes Buch auf, und da stand: »wer viel lacht ist glücklich, und wer viel weint ist unglücklich,« – eine sehr einfältige Bemerkung, die ich aber, wegen ihrer einfachen Wahrheit doch nicht habe vergessen können, so sehr sie auch der Superlativ eines *truism's* ist. Dieserwegen also sollen wir der Heiterkeit, wann immer sie sich einstellt, Thür und Thor öffnen: denn sie kommt nie zur unrechten Zeit; statt daß wir oft Bedenken tragen, ihr Eingang zu gestatten, indem wir erst wissen wollen, ob wir denn auch wohl in jeder Hinsicht Ursach haben, zufrieden zu seyn; oder auch, weil wir fürchten, in unsern ernsthaften Ueberlegungen und wichtigen Sorgen dadurch gestört zu werden: allein was wir durch diese bessern ist sehr ungewiß; hingegen ist Heiterkeit unmittelbarer Gewinn. Sie allein ist gleichsam die baare Münze des Glückes und nicht, wie alles Andere, bloß der Bankzettel; weil nur sie unmittelbar in der Gegenwart beglückt;

weshalb sie das höchste Gut ist für Wesen, deren Wirklichkeit die Form einer untheilbaren Gegenwart zwischen zwei unendlichen Zeiten hat. Demnach sollten wir die Erwerbung und Beförderung dieses Gutes jedem andern Trachten vorsetzen. Nun ist gewiß, daß zur Heiterkeit nichts weniger beiträgt, als Reichthum, und nichts mehr, als Gesundheit: in den niedrigen, arbeitenden, zumal das Land bestellenden Klassen, sind die heitern und zufriedenen Gesichter; in den reichen und vornehmen die verdrießlichen zu Hause. Folglich sollten wir vor Allem bestrebt seyn, uns den hohen Grad vollkommener Gesundheit zu erhalten, als dessen Blüthe die Heiterheit sich einstellt. Die Mittel hiezu sind bekanntlich Vermeidung aller Excesse und Ausschweifungen, aller heftigen und unangenehmen Gemüthsbewegungen, auch aller zu großen oder zu anhaltenden Geistesanstrengung, täglich wenigstens zwei Stunden rascher Bewegung in freier Luft, viel kaltes Baden und ähnliche diätetische Maaßregeln.

Dem entsprechend, daß das Gehirn als der Parasit, oder Pensionair, des ganzen Organismus auftritt, ist die errungene FREIE MUSSE eines Jeden, indem sie ihm den freien Genuß seines Bewußtseyns und seiner Individualität giebt, die Frucht und der Ertrag seines gesammten Daseyns, welches im Uebrigen nur Mühe und Arbeit ist. Was nun aber wirft die freie Muße der meisten Menschen ab? Langeweile und Dumpfheit, so oft nicht sinnliche Genüsse, oder Albernheiten dasind, sie auszufüllen: sie ist eben das *ozio lungo d'uomini ignoranti* des Ariosto. Daher ist, in allen Ländern, die Hauptbeschäftigung aller Gesellschaft das Kartenspiel geworden: es ist der Maaßstab des Werthes derselben und der deklarirte Bankrott an allen Gedanken. Weil sie nämlich keine Gedanken auszutauschen haben, tauschen sie Karten aus und suchen einander Gulden abzunehnen. O, klägliches Geschlecht!

Ferner, wie das Land am glücklichsten ist, welches weniger, oder keiner, Einfuhr bedarf; so auch der Mensch, der an seinem innern Reichthum genug hat und zu seiner Unterhaltung wenig, oder nichts, von außen nöthig hat; da dergleichen Zufuhr viel kostet, abhängig macht, Gefahr bringt, Verdruß verursacht und am Ende doch nur ein schlechter Ersatz ist für die Erzeugnisse des eigenen Bodens. Denn von Andern, von außen überhaupt, darf man in keiner Hinsicht viel erwarten. Was Einer dem Andern seyn kann, hat seine sehr engen Gränzen: am Ende bleibt doch Jeder allein, und da kommt es darauf an, WER jetzt allein sei.

Bei diesen Herren muß in der Jugend die Muskelkraft und die Zeugungskraft herhalten. Aber späterhin bleiben nur die Geisteskräfte: fehlt es dann an diesen, oder an ihrer Ausbildung und dem angesammelten Stoffe zu ihrer Thätigkeit; so ist der Jammer groß. Weil nun der WILLE die einzige unerschöpfliche Kraft ist; so wird er jetzt angereizt durch Erregung der Leidenschaften, z.B. durch hohe Hasardspiele, dieses wahrhaft degradirende Laster. – Ueberhaupt aber wird jedes unbeschäftigte Individuum, je nach der Art der in ihm vorwaltenden Kräfte, sich ein Spiel zu ihrer Beschäftigung wählen: etwan Kegel, oder Schach; Jagd oder Malerei; Wettrennen, oder Musik; Kartenspiel, oder Poesie; Heraldik, oder

Philosophie, u.s.w. Wir können sogar die Sache methodisch untersuchen, indem wir auf die Wurzel aller menschlichen Kraftäußerungen zurückgehn, also auf die DREI PHYSIOLOGISCHEN GRUNDKRÄFTE, welche wir demnach hier in ihrem zwecklosen Spiele zu betrachten haben, in welchem sie als die Quellen dreier Arten möglicher Genüsse auftreten, aus denen jeder Mensch, je nachdem die eine, oder die andere jener Kräfte in ihm vorwaltet, die ihm angemessene erwählen wird. Also zuerst, die Genüsse der REPRODUKTIONSKRAFT: sie bestehn im Essen, Trinken, Verdauen, Ruhen und Schlafen. Diese werden daher sogar ganzen Völkern als ihre Nationalvergnügungen von den andern nachgerühmt. Zweitens die Genüsse der IRRITABILITÄT: sie bestehn im Wandern, Springen, Ringen, Tanzen, Fechten, Reiten und athletischen Spielen jeder Art, wie auch in der Jagd und sogar im Kampf und Krieg. Drittens, die Genüsse der SENSIBILITÄT: sie bestehn im Beschauen, Denken, Empfinden, Dichten, Bilden, Musiciren, Lernen, Lesen, Meditiren, Erfinden, Philosophiren u.s.w.

Daß die Wünsche der Menschen hauptsächlich auf Geld gerichtet sind und sie dieses über Alles lieben, wird ihnen oft zum Vorwurf gemacht. Jedoch ist es natürlich, wohl gar unvermeidlich, Das zu lieben, was, als ein unermüdlicher Proteus, jeden Augenblick bereit ist, sich in den jedesmaligen Gegenstand unsrer so wandelbaren Wünsche und mannigfaltigen Bedürfnisse zu verwandeln. Jedes andere Gut nämlich kann nur EINEM Wunsch, EINEM Bedürfniß genügen: Speisen sind bloß gut für den Hungrigen, Wein für den Gesunden, Arznei für den Kranken, ein Pelz für den Winter, Weiber für die Jugend u.s.w. Sie sind folglich alle nur [...] relativ gut. Geld allein ist das absolut Gute: weil es nicht bloß EINEM Befürfniß *in concreto* begegnet, sondern DEM Bedürfniß überhaupt, *in abstracto*. –

Geehrteste Frau Mutter!
Sie werden zweifelsohne bereits die erquickliche und erklekliche Nachricht erhalten haben von einem in Danzig für uns, daß ich mich so ausdrücken darf, gefundenen Fressen: (hier allgemeine Familiengratulation, mit Verbeugungen). Jedoch bin ich der unmaaßgeblichen Meinung, daß wir nicht zu gierig darüber herfallen, sondern uns erst NACH MEHR umsehn; als bescheidene Leute. Will mir nämlich wittern, daß man uns mit einem kleinen Theil des Zukömmlichen abspeisen will. Ich finde allerlei Verdächtlichkeiten, die ich in innere und äußere theile.

I° Die äußerlichen.

a) Der Hr. Kriminalrath schreiben eigenhändig, was Sie seit 20 Jahren nie gethan haben und der Brief ist 4 Seiten lang: *vuol dire*, Sie scheuen die Blicke der naseweisen Schreiber: *vuol dire*, Sie haben Ursach dazu.

b) Der Brief ist frankirt, was Advokaten nie thun, als wenn sie fuchsschwänzeln, sonst lassen sie sich auch noch den Brief bezahlen, mit 16ggr *pro his litteris*. – Noch zu bemerken, der Brief ist sehr ausführlich und höflich, während der Hr: Krim: Rath sich sonst lakonischer Kürze und Spartanischer Gradheit befleißigen. [...]

II° Die innern.

a) Ich traue Advokaten im Allgemeinen und auch dem Hrn: Krim: Rath im besondern, gar nicht so ganz und gar; im Gegentheil.

b) Derselbe agirt hier als Sachwalter des Gegenparts, des Schuldners: er steht also nicht neben uns, sondern uns gegenüber, welches die feindliche Position ist. Also vorgesehn! *en garde!* – [...]

Also lassen Sie uns de Conzert und mit Verstand agiren! und ja nichts übereilen: zum Nachgeben ist immer Zeit: aber wir müssen uns in Respekt setzen und »also borstig seyn: denn alles jagt man mit Falken, nur nicht das wilde Schwein«. Um baldige Antwort bittet

Ihr ergebener Sohn Arthur Schopenhauer.

Frankfurt a. M. d. 22 Juli 1835.

Bedenken Sie, daß Sie an mir einen nach weit zurückgelegtem Schwabenalter sehr gescheut gewordenen Sohn haben und der gerieben ist in der Welt: und schlagen Sie daher seine Meinung nicht in den Wind!

Sollten Sie also doch noch Zahlungsunfähigkeit vorschützen wollen; so werde ich Ihnen das Gegentheil beweisen durch die famöse Schlußart, welche der große Kant in die Philosophie einführte, um damit die moralische Freiheit des Menschen zu beweisen, nehmlich den Schluß vom Sollen aufs Können. Das heißt: zahlen Sie nicht gutwillig, so wird der Wechsel eingeklagt. Sie sehn, daß man wohl ein Philosoph seyn kann, ohne deshalb ein Narr zu seyn.

Die wohlfeilste Art des Stolzes hingegen ist der Nationalstolz. Denn er verräth in dem damit Behafteten den Mangel an INDIVIDUELLEN Eigenschaften, auf die er stolz seyn könnte, indem er sonst nicht zu Dem greifen würde, was er mit so vielen Millionen theilt. Wer bedeutende persönliche Vorzüge besitzt, wird vielmehr die Fehler seiner eigenen Nation, da er sie beständig vor Augen hat, am deutlichsten erkennen. Aber jeder erbärmliche Tropf, der nichts in der Welt hat, darauf er stolz seyn könnte, ergreift das letzte Mittel, auf die Nation, der er gerade angehört, stolz zu seyn: hieran erholt er sich und ist nun dankbarlich bereit, alle Fehler und Thorheiten, die ihr eigen sind, [...] zu vertheidigen. Daher wird man z.B. unter funfzig Engländern kaum mehr, als Einen finden, welcher miteinstimmt, wenn man von der stupiden und degradirenden Bigotterie seiner Nation mit gebürender Verachtung spricht: der Eine aber pflegt ein Mann von Kopf zu seyn. – Die Deutschen sind frei von Nationalstolz und legen hiedurch einen Beweis der ihnen nachgerühmten Ehrlichkeit ab; vom Gegentheil aber Die unter ihnen, welche einen solchen vorgeben und lächerlicher Weise affektiren; wie Dies zumeist die »deutschen Brüder« und Demokraten thun, die dem Volke schmeicheln, um es zu verführen. Es heißt zwar, die Deutschen hätten das Pulver erfunden: ich kann jedoch dieser Meinung nicht beitreten. Und Lichtenberg frägt: »warum giebt sich nicht leicht jemand, der es nicht ist, für einen Deutschen aus, sondern gemeiniglich, wenn er sich für etwas ausgeben will, für einen Franzosen oder Engländer?« Uebrigens überwiegt die Individualität bei Weitem die Nationalität, und in einem gegebenen Menschen verdient jene tausend Mal mehr Berücksichtigung, als diese. Dem Nationalcharakter wird, da er von der Menge redet, nie viel Gutes ehrlicherweise nachzurühmen seyn. Vielmehr erscheint nur die menschliche Beschränktheit, Verkehrtheit und Schlechtigkeit in jedem Lande in einer andern Form und diese nennt man den Nationalcharakter. Von

EINEM derselben degoutirt loben wir den andern, bis es uns mit ihm eben so ergangen ist. – Jede Nation spottet über die andere, und alle haben Recht. –

In Arkadien geboren, wie Schiller sagt, sind wir freilich Alle: d. h. wir treten in die Welt, voll Ansprüche auf Glück und Genuß, und hegen die thörichte Hoffnung, solche durchzusetzen. In der Regel jedoch kommt bald das Schicksal, packt uns unsanft an und belehrt uns, daß nichts UNSER ist, sondern Alles SEIN, indem es ein unbestrittenes Recht hat, nicht nur auf allen unsern Besitz und Erwerb und auf Weib und Kind, sondern sogar auf Arm und Bein, Auge und Ohr, ja, auf die Nase mitten im Gesicht. Jedenfalls aber kommt, nach einiger Zeit, die Erfahrung und bringt die Einsicht, daß Glück und Genuß eine Fata Morgana sind, welche, nur aus der Ferne sichtbar, verschwindet, wenn man herangekommen ist; daß hingegen Leiden und Schmerz Realität haben, sich selbst unmittelbar vertreten und keiner Illusion, noch Erwartung bedürfen. Fruchtet nun die Lehre; so hören wir auf, nach Glück und Genuß zu jagen, und sind vielmehr darauf bedacht, dem Schmerz und Leiden möglichst den Zugang zu versperren. Wir erkennen alsdann, daß das Beste, was die Welt zu bieten hat, eine schmerzlose, ruhige, erträgliche Existenz ist und beschränken unsre Ansprüche auf diese, um sie desto sicherer durchzusetzen. Denn, um nicht sehr unglücklich zu werden, ist das sicherste Mittel, daß man nicht verlange, sehr glücklich zu seyn.

Die, welche, mittelst Streben und Hoffen, nur in der Zukunft leben, immer vorwärts sehn und mit Ungeduld den kommenden Dingen entgegeneilen, als welche aller-

Daguerrotyp, 4. Juni 1853

erst das wahre Glück bringen sollen, inzwischen aber die Gegenwart unbeachtet und ungenossen vorbeiziehn lassen, sind, trotz ihren altklugen Mienen, jenen Eseln in Italien zu vergleichen, deren Schritt dadurch beschleunigt wird, daß an einem, ihrem Kopf angehefteten Stock ein Bündel Heu hängt, welches sie daher stets dicht vor sich sehn und zu erreichen hoffen. Denn sie betrügen sich selbst um ihr ganzes Daseyn, indem sie stets nur AD INTERIM leben, – bis sie todt sind.

Der Morgen ist die Jugend des Tages: Alles ist heiter, frisch und leicht: wir fühlen uns kräftig und haben alle unsere Fähigkeiten zu völliger Disposition. Man soll ihn nicht durch spätes Aufstehn verkürzen, noch auch an unwürdige Beschäftigungen, oder Gespräche verschwenden, sondern ihn, als die Quintessenz des Lebens betrachten und gewissermaaßen heilig halten. Hingegen ist der Abend das Alter des Tages: wir sind Abends matt, geschwätzig und leichtsinnig.

Sich zu mühen und mit dem Widerstande zu kämpfen ist dem Menschen Bedürfniß, wie dem Maulwurf das Graben.

Man bestreite keines Menschen Meinung; sondern bedenke, daß wenn man alle Absurditäten, die er glaubt, ihm ausreden wollte, man Methusalems Alter erreichen könnte, ohne damit fertig zu werden.

Auch aller, selbst noch so wohlgemeinter, korrektioneller Bemerkungen soll man, im Gespräche, sich enthalten: denn die Leute zu kränken ist leicht; sie zu bessern schwer, wo nicht unmöglich.

Wenn die Absurditäten eines Gesprächs, welches wir anzuhören im Falle sind, anfangen uns zu ärgern, müssen wir uns denken, es wäre eine Komödienscene zwischen zwei Narren. *Probatum est.*

Das Leben, mit seinen Begebenheiten, Abenteuern, Glücks- und Unglücksfällen, gleicht der Zuckerbäckerwaare. Es sind viele und vielerlei gar krause und bunte Figuren: aber Alles ist aus Einem Teig geknetet.

Unsere Maxime aber sei: opfere den bösen Dämonen! D. h. man soll einen gewissen Aufwand von Mühe, Zeit, Unbequemlichkeit, Weitläuftigkeit, Geld, oder Entbehrung nicht scheuen, um der Möglichkeit eines Unglücks die Thüre zu verschließen: und je größer dieses wäre, desto kleiner, entfernter, unwahrscheinlicher mag jene seyn. Die deutlichste Exemplifikation dieser Regel ist die Assekuranzprämie. Sie ist ein öffentlich und von Allen auf den Altar der bösen Dämonen gebrachtes Opfer.

Die kleinen Unfälle, die uns stündlich vexiren, kann man betrachten als bestimmt, uns in Uebung zu erhalten, damit die Kraft, die großen zu ertragen, im Glück nicht ganz erschlaffe.

Was aber die Leute gemeiniglich das Schicksal nennen sind meistens nur ihre eigenen dummen Streiche.

So lange der Ausgang einer gefährlichen Sache nur noch zweifelhaft ist, so lange nur noch die Möglichkeit, daß er ein glücklicher werde, vorhanden ist, darf an kein Zagen gedacht werden, sondern bloß an Widerstand; wie man am Wetter nicht verzweifeln darf, so lange noch ein blauer Fleck am Himmel ist.

Der Hund ist, mit Recht, das Symbol der Treue: unter den Pflanzen aber sollte es die Tanne seyn. Denn sie allein harrt mit uns aus, zur schlimmen, wie zur guten Zeit, und verläßt uns nicht mit der Gunst der Sonne, wie alle andern Bäume, Pflanzen, Insekten und Vögel, – um wiederzukehren, wann der Himmel uns wieder lacht.

Wenn, in meinen Jünglingsjahren, es an meiner Thüre schellte, wurde ich vergnügt: denn ich dachte, nun käme es. Aber in spätern Jahren hatte meine Empfindung, bei demselben Anlaß, vielmehr etwas dem Schrecken Verwandtes: ich dachte: »da kommt's.« – Hinsichtlich der Menschenwelt giebt es, für ausgezeichnete und begabte Individuen, die, eben als solche, nicht so ganz eigentlich zu ihr gehören und demnach, mehr oder weniger, je nach dem Grad ihrer Vorzüge, allein stehn, ebenfalls zwei entgegengesetzte Empfindungen: in der Jugend hat man häufig die, von ihr VERLASSEN zu seyn; in spätern Jahren hingegen die, ihr ENTRONNEN zu seyn. Die erstere, eine unangenehme, beruht auf Unbekanntschaft, die zweite, eine angenehme, auf Bekanntschaft mit ihr. – In Folge davon enthält die zweite Hälfte des Lebens, wie die zweite Hälfte einer musikalischen Periode, weniger Strebsamkeit, aber mehr Beruhigung, als die erste. –

Man pflegt die Jugend die glückliche Zeit des Lebens zu nennen, und das Alter die traurige. Das wäre wahr, wenn die Leidenschaften glücklich machten. Von diesen wird die Jugend hin und her gerissen, mit wenig Freude und vieler Pein. Dem kühlen Alter lassen sie Ruhe, und alsbald erhält es einen kontemplativen Anstrich: denn die Erkenntniß wird frei und erhält die Oberhand. Weil nun diese, an sich selbst, schmerzlos ist, so wird das Bewußtseyn, je mehr sie darin vorherrscht, desto glücklicher. Man braucht nur zu erwägen, daß aller Genuß negativer, der Schmerz positiver Natur ist, um zu begreifen, daß die Leidenschaften nicht beglücken können und daß das Alter deshalb, daß manche Genüsse ihm versagt sind, nicht zu beklagen ist. Denn jeder Genuß ist immer nur die Stillung eines Bedürfnisses: daß nun mit diesem auch jener wegfällt, ist so wenig beklagenswerth, wie daß Einer nach Tische nicht mehr essen kann und nach ausgeschlafener Nacht wach bleiben muß. Viel richtiger schätzt Plato (im Eingang zur Republik) das Greisenalter glücklich, sofern es den bis dahin uns unablässig beunruhigenden Geschlechtstrieb endlich los ist.

Die Jugend ist die Zeit der Unruhe; das Alter die der Ruhe: schon hieraus ließe sich auf ihr beiderseitiges Wohlbehagen schließen. Das Kind streckt seine Hände begehrlich aus, ins Weite, nach Allem, was es da so bunt und vielgestaltet vor sich sieht: denn es wird dadurch gereizt; weil sein Sensorium noch so frisch und jung ist. Das Selbe tritt, mit größerer Energie, beim Jüngling ein. Auch er wird gereizt von der bunten Welt und ihren vielfältigen Gestalten: sofort macht seine Phantasie mehr daraus, als die Welt je verleihen kann. Daher ist er voll Begehrlichkeit und Sehnsucht in's Unbestimmte:

diese nehmen ihm die Ruhe, ohne welche kein Glück ist. Im Alter hingegen hat sich das Alles gelegt; theils weil das Blut kühler und die Reizbarkeit des Sensoriums minder geworden ist; theils weil Erfahrung über den Werth der Dinge und den Gehalt der Genüsse aufgeklärt hat, endlich auch weil man nunmehr tausend Chimären allmälig losgeworden ist, welche früher die freie und reine Ansicht der Dinge verdeckten und entstellten; so daß man jetzt Alles richtiger und klärer erkennt und es nimmt für Das, was es ist. Durch dies Alles ist demnach Ruhe herbeigeführt worden: diese aber ist ein großer Bestandtheil des Glücks; wenn nicht gar die Hauptsache.

Ferner meint man, das Loos des Alters sei Krankheit und Langeweile. Erstere ist dem Alter gar nicht wesentlich, zumal nicht, wenn dasselbe hoch gebracht werden soll: denn *crescente vita, crescit sanitas et morbus*. Und was die Langeweile betrifft, so habe ich oben gezeigt, warum das Alter ihr sogar weniger, als die Jugend, ausgesetzt ist: auch ist dieselbe durchaus keine nothwendige Begleiterin der Einsamkeit, welcher, aus leicht abzusehenden Ursachen, das Alter uns allerdings entgegenführt; sondern sie ist es nur für Diejenigen, welche keine anderen, als sinnliche und gesellschaftliche Genüsse gekannt, ihren Geist unbereichert und ihre Kräfte unentwickelt gelassen haben. Zwar nehmen, im höheren Alter, auch die Geisteskräfte ab: aber wo viel war, wird zur Bekämpfung der Langenweile immer noch genug übrig bleiben. Sodann nimmt, wie oben gezeigt worden, durch Erfahrung, Kenntniß, Uebung und Nachdenken, die richtige Einsicht immer noch zu, das Urtheil schärft sich und der Zusammenhang wird klar: so hat dann, durch immer neue Kombinationen der aufgehäuften Erkenntnisse und gelegentliche Bereicherung derselben die eigene innerste Selbstbildung, in allen Stücken, noch immer ihren Fortgang, beschäftigt, befriedigt und belohnt den Geist. Durch dieses Alles wird die erwähnte Abnahme in gewissem Grade kompensirt. Zudem läuft, wie gesagt, im Alter die Zeit viel schneller; was der Langenweile entgegenwirkt. Die Abnahme der Körperkräfte schadet wenig, wenn man ihrer nicht zum Erwerbe bedarf. Armuth im Alter ist ein großes Unglück. Ist diese gebannt und die Gesundheit geblieben; so kann das Alter ein sehr erträglicher Theil des Lebens seyn. Bequemlichkeit und Sicherheit sind seine Hauptbedürfnisse: daher liebt man im Alter, noch mehr als früher, das Geld; weil es den Ersatz für die fehlenden Kräfte giebt. Von der Venus entlassen, wird man gern eine Aufheiterung beim Bakchus suchen.

Der Grundunterschied zwischen Jugend und Alter bleibt immer, daß jene das Leben im Prospekt hat, dieses den Tod; daß also jene eine kurze Vergangenheit und lange Zukunft besitzt; dieses umgekehrt. Allerdings hat man, wann man alt ist, nur noch den Tod vor sich; aber wann man jung ist, hat man das Leben vor sich; und es frägt sich, welches von Beiden bedenklicher sei. –

Vor 14 Tagen kam ein *Dr.* Kriegskotte, Lehrer an einer Realschule im Herzogthum Cleve-Berg, ein großer Mann, von gegen 40 Jahren, trat ein, sah mich an, daß mir Angst wurde, und schrie: ich will Sie sehn! ich muß Sie sehn! ich komme, Sie zu sehn! Zeigte großen Enthusiasmus. Meine Philosophie hätte ihm das Leben wiedergegeben. Scharmant! –

XVI

»Neueste Nachrichten aus dem Reiche Gottes«

Wir reisten den 16. Juli gegen 12 Uhr von *Hamburg* ab, und kamen bey ziemlich trübem Wetter, nach ein paar Stunden im *Zollenspyker* an, um uns von da über die Elbe setzen zu lassen; indessen dass die Fähre kam, liessen wir uns im Gespräch mit einer armen blinden Frau ein, welche gar keine Idee von Tag u. Nacht hatte. Da wir ihr nach der Ursache ihrer Blindheit fragten erzählte sie uns dass man sie eine halbe Stunde weit zur Taufe getragen habe, wobei ihr die Augen erfroren sind. Obgleich sie stockblind ist, sind ihr alle Wege bekannt, u. sie kann sich alles was sie bedarf selbst hohlen. Ich bedauerte die arme Frau, bewunderte aber die flegmatische Ruhe womit sie ihr Leid erträgt; sie hatte das Vergnügen ein Christ zu seyn theuer erkaufen müssen!

Gespräch von A n n o 33:

A. Wissen Sie schon das Neueste?
B. Nein, was ist passirt?
A. Die Welt ist erlöst!
B. Was Sie sagen!
A. Ja, der liebe Gott hat Menschengestalt angenommen und sich in Jerusalem hinrichten lassen: dadurch ist nun die Welt erlöst und der Teufel geprellt.
B. Ei, das ist ja ganz scharmant.

Der Begründer des systematischen OPTIMISMUS hingegen ist LEIBNITZ [...]. Herunter mit dem Kant, *vivat* unser LEIBNITZ! – Auf diesen also zurückzukommen, kann ich der Theodicee, dieser methodischen und breiten Entfaltung des Optimismus in solcher Eigenschaft, kein anderes Verdienst zugestehen, als dieses, daß sie später Anlaß gegeben hat zum unsterblichen CANDIDE des großen VOLTAIRE; wodurch freilich Leibnitzens so oft wiederholte, lahme Exküse für die Uebel der Welt, daß nämlich das Schlechte bisweilen das Gute herbeiführt, einen ihm unerwarteten Beleg erhalten hat.

Woher denn anders hat DANTE den Stoff zu seiner Hölle genommen, als aus dieser unserer wirklichen Welt? Und doch ist es eine recht ordentliche Hölle geworden. Hingegen als er an die Aufgabe kam, den Himmel und seine Freuden zu schildern, da hatte er eine unüberwindliche Schwierigkeit vor sich; weil eben unsere Welt gar keine Materialien zu so etwas darbietet.

Der Ring der Nibelungen. Ein Bühnenspiel.

Auf dem Vorsatzblatt: *Arthur Schopenhauer.* – Unter dem Titel, von Wagners Hand: »Aus Verehrung und Dankbarkeit«.

S. 45: »... Der Vorhang fällt schnell«. *Sch*: Denn es ist hohe Zeit. –

»Ich werde uralt«, pflegte er zu renommieren. »Mein langer Schlaf und mein guter Magen sagen mir das. Ich möchte 90 Jahre werden. Selbst bei den Achtzigern hat der Tod noch etwas Gewaltsames. Bei den Neunzigern gehen Leben und Tod ruhig ineinander über. Ein Neunziger in Aschaffenburg wollte eine Weintraube vom Gelände schneiden, als er tot umfiel. So möchte ich sterben. Nur nicht lange leiden.«

Wenn inzwischen ein Philosoph etwan vermeinen sollte, er würde im Sterben einen ihm allein eigenen Trost, jedenfalls eine Diversion, darin finden, daß dann ihm ein Problem sich löste, welches ihn so häufig beschäftigt hat; so wird es ihm vermuthlich gehn, wie Einem, dem, als er eben das Gesuchte zu finden im Begriff ist, die Laterne ausgeblasen wird.

Wer also den bevorstehenden Verlust dieses cerebralen, bloß erscheinungsmäßigen und erscheinungsfähigen Bewußtseyns beklagt, ist den Grönländischen Konvertiten zu vergleichen, welche nicht in den Himmel wollten, als sie vernahmen, es gäbe daselbst keine Seehunde.

Gebet eines Skeptikers

Gott, – wenn du bist, – errette aus dem Grabe
Meine Seele, – wenn ich eine habe.

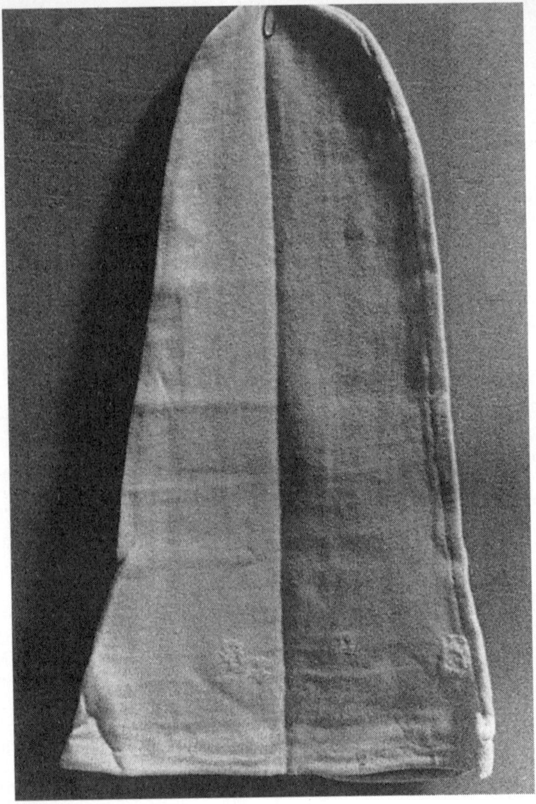

Schopenhauers Nachtmütze, im Zweiten Weltkrieg zerstört

Zum Schluß

– Nichts.

Textnachweise

Arthur Schopenhauer: Werke in fünf Bänden. Nach der Ausgabe letzter Hand hrsg. von Ludger Lütkehaus. Zürich: Haffmans, 1988. (5. Aufl. 2000.) [Zit. ohne Sigle, mit röm. Band- und arab. Seitenzahl.] – © 1988 Haffmans Verlag AG, Zürich.
– Bd. 1: Die Welt als Wille und Vorstellung I.
– Bd. 2: Die Welt als Wille und Vorstellung II.
– Bd. 3: Kleinere Schriften.
– Bd. 4: Parerga und Paralipomena I.
– Bd. 5: Parerga und Paralipomena II.
– Beibuch zur Schopenhauer-Ausgabe. [Zit. als: Beibuch.]

Arthur Schopenhauer: Der handschriftliche Nachlaß. Hrsg. von Arthur Hübscher. Bd. 1–5. Frankfurt a. M.: Kramer, 1966–75. [Zit. als: HN, mit röm. Band- und arab. Seitenzahl.]

Arthur Schopenhauer: Reisetagebücher. Hrsg. von Ludger Lütkehaus. Freiburg i. Br.: Kore, 1997. [Zit. als: R.] – © 1987 Haffmans Verlags AG, Zürich.

Arthur Schopenhauer: Ueber die seit einigen Jahren, methodisch betriebene Verhunzung der Deutschen Sprache. Hrsg. von Ludger Lütkehaus. Freiburg i. Br.: Kore, 1997. [Zit. als: Verh.] – © 1997 Kore Verlag GmbH, Freiburg i. Br.

Arthur Schopenhauer: Gesammelte Briefe. Hrsg. von Arthur Hübscher. Bonn: Bouvier, 1978. [Zit. als: GB.]

Arthur Schopenhauer: Gespräche. Neue, stark erw. Ausg. Hrsg. von Arthur Hübscher. Stuttgart / Bad Cannstatt: Frommann, 1971. [Zit. als: G.]

Arthur Schopenhauer: Der Briefwechsel mit Goethe und andere Dokumente zur Farbenlehre. Hrsg. und mit einem Essay von Ludger Lütkehaus. Zürich: Haffmans, 1992. [Zit. als: BG.] – © 1992 Haffmans Verlag AG, Zürich.

Das Buch als Wille und Vorstellung. Arthur Schopenhauers Briefwechsel mit Friedrich Arnold Brockhaus. Hrsg. von Ludger Lütkehaus. München: C. H. Beck, 1996. [Zit. als: Br.] – © 1996 C. H. Beck'sche Verlagsbuchhandlung (Oscar Beck), München.

Die Schopenhauers. Der Familienbriefwechsel von Adele, Arthur, Heinrich Floris und Johanna Schopenhauer. Hrsg. und eingel. von Ludger Lütkehaus. Zürich: Haffmans, 1991. – © 1991 Haffmans Verlag AG, Zürich.

I

An den Leser

19 Motto HN IV/1,99. 1 V,436 f. 2 V,480 f.
21 1 II,535 f.

II

»In der Regel ist das Lachen ein vergnüglicher Zustand«

22 1 II,108 f. 2 II,108.
23 1 II,109-113.
26 1 II,113-115.
28 1 II,115. 2 II,116. 3 II,116 f.

III

»Du Mensch!«

29 1 G 70. 2 G 285.
30 1 G 61 f. 2 GB 74-77.
35 1 GB 90.
36 1 GB 68–70.
38 1 G 146. 2 G 172.
39 1 Br. 137.

IV

Unter Stachelschweinen

40 1 IV,449. 2 R 251. 3 IV,472.
41 1 II, 235. 2 IV,446 f.
42 1 III,588 f.
43 1 IV,451.
44 1 IV,451 f. 2 IV,559 f.
45 1 IV,453.
47 1 IV,445. 2 V,519 f.
49 1 V,567. 2 V,555. 3 V,526.

V
Über die Weiber

50 1 V,528. 2 V,527. 3 V,528f.
51 1 V,530.
52 1 V,531. 2 V,532f.
53 1 V,533. 2 III,400.
54 1 G 224f. 2 Br. 110. 3 Br. 132.

VI
Vom Hans und von der Grete

56 **Motto** V,282. 1 Br. 54f. 2 I,280.
58 **Motto** II,616. 1 II,616.
59 1 II,617. 2 II,618f.
61 1 II,624. 2 II,626.
62 1 II,626f. 2 II,628. 3 II,648.
63 1 II,630. 2 II,631f.
64 1 II,632f.
66 1 II,634. 2 II,635–637.
68 1 II,637.
69 1 II,638.

VII
Über Autoren und Verleger

71 **Motto** Br. 93. 1 Br. 25f.
73 1 Br. 33f. 2 Br. 39f.
74 1 Br. 51. 2 Br. 54f.
76 1 Br. 64. 2 Br. 73. 3 Br. 75.
77 1 Br. 83. 2 Br. 93. 3 Br. 101.
78 1 Br. 113. 2 Br. 117.
79 1 BG 69. 2 III,323. 3 III,323. 4 GB 453. 5 G 306.

VIII
Über Buchstaben und Worte

80 1 Beibuch 9. 2 GB 377. 3 GB 323.
81 1 Br. 64f. 3 Br. 84.
82 1 Br. 108.

IX
Über die, seit einigen Jahren methodisch betriebene Verhunzung der Deutschen Sprache

83 1 Verh. 28f. 2 V,468.
84 1 V,469.
85 1 V,472. 2 Verh. 30. 3 Verh. 32.
86 1 Verh. 119. 2 Verh. 77. 3 Verh. 39.
87 1 Verh. 45f. 2 Verh. 50. 3 Verh. 62f.
88 1 Br. 107. 2 Verh. 84. 3 Verh. 114f. 4 Verh. 64.
89 1 Verh. 112.
90 1 Verh. 121. 2 Verh. 120.

X
Über Schriftstellerei und Stil

91 1 V,445. 2 V,451f.
92 1 V,456f.
95 1 V,458. 2 V,461f.

XI
Über Gelehrsamkeit und Gelehrte

97 1 V,445f. 2 V,446f.
98 1 V,424. 2 V,426. 3 V,429.
99 1 V,429f. 2 V,430f. 3 V,438.
101 1 V,439f.
102 1 V,482. 2 V,482.

XII
Über die Universitätsphilosophie

103 1 I,23. 2 I,24f.
104 1 II,263. 2 II,168f.
105 1 IV,141.
106 1 IV,141. 2 IV,142. 3 IV,142. 4 IV,143.
107 1 IV,144. 2 IV,144. 3 IV,152.
108 1 IV,193.
109 1 IV,191. 2 IV,188f.
110 1 IV,158f.
111 1 IV,159 f. 2 IV,160.
112 1 IV,163f. 2 IV,167f.
113 1 HN II,41. 2 HN II,44. 3 HN II,194. 4 HN II,195. 5 HN II,120.

XIII
Vom Hauen und Stechen

114 1 IV,369–371.
115 1 IV,372.
116 1 IV,373. 2 IV,374.

XIV
Über Lärm und Geräusch

118 1 V,551–553.
121 1 V,444.

XV
Happy-End eines Pessimisten

122 1 IV,323f.
123 1 IV,330.
124 1 IV,330f. 2 IV,333.
125 1 IV,344f.
124 1 F 349–353.

125 1 GB 69. 2 IV,357f.
129 1 IV,406. 2 IV,411f.
131 1 IV,430. 2 IV,434. 3 IV,454.
132 1 IV,457. 2 IV,462. 3 IV,464. 4 IV,465.
133 1 V,556. 2 IV,470f.
134 1 IV,479–481.
136 1 IV,482. 2 GB 323.

XVI
„Neueste Nachrichten aus dem Reiche Gottes“

137 1 R 9. 2 HN IV/2,21. 3 II,677f.
138 1 I,423. 2 HN V,436. 3 G 225f.
139 1 V,249. 2 V,250. 3 HN III,190.

Zum Schluß

140 1 I,528.

Das Titelzitat: Verh. S. 77.
Zitat auf der Umschlagrückseite: HN III,190.

Verzeichnis der Abbildungen

Reclam zum Vergnügen

»Stillsitzen kann ich einfach nicht«
Cicero zum Vergnügen

183 Seiten. 13 Abb. UB 9652

»Frühling mit Nachtigallen
und anderem Zubehör«
Eichendorff zum Vergnügen

149 Seiten. 12 Abb. UB 9670

»Alles kommt auf die Beleuchtung an«
Fontane zum Vergnügen

179 Seiten. 7 Abb. UB 9317

»Ich bin nun, wie ich bin«
Goethe zum Vergnügen

176 Seiten. 25 Abb. UB 8752

»Der Liebe Glut, sie geht zum Teufel«
Heine zum Vergnügen

167 Seiten. 9 Abb. UB 9630

»Es ist traurig, wenn man nichts behält
als den Kopf«

Jean Paul zum Vergnügen

157 Seiten. 9 Abb. UB 9602

»Die Welt steht auf kein' Fall mehr lang«
Nestroy zum Vergnügen

172 Seiten. 11 Abb. UB 9409

»Stehlen ist oft seliger als nehmen«
Nietzsche zum Vergnügen

167 Seiten. 9 Abb. UB 18050

»Ich müßte eigentlich noch berühmter sein«.
Schnitzler zum Vergnügen

176 Seiten. 15 Abb. UB 18195

»Habt ihr auch Schnupftücher genug bei euch?«
Shakespeare zum Vergnügen

167 Seiten. 17 Abb. UB 9779

»Mein Name ist Prinz Paradox«
Wilde zum Vergnügen

188 Seiten. 9 Abb. UB 18059

Philipp Reclam jun. Stuttgart

Arthur Schopenhauer

IN RECLAMS UNIVERSAL-BIBLIOTHEK

Aphorismen zur Lebensweisheit. Herausgegeben von Arthur Hübscher. 247 S. UB 5002

Die Welt als Wille und Vorstellung. Gesamtausgabe in zwei Bänden nach der Edition von Arthur Hübscher und mit einem Nachwort von Heinz Gerd Ingenkamp. 736 S. UB 2761, 871 S. UB 2762

Welt und Mensch. Eine Auswahl aus dem Gesamtwerk von Arthur Hübscher. 229 S. UB 8451

Literatur über Schopenhauer:

Geschichte der Philosophie in Text und Darstellung. Band 7. 19. Jahrhundert. Herausgegeben von Manfred Riedel. (Über Schopenhauer u. a. S. 125 ff.) 463 S. UB 9917

Philipp Reclam jun. Stuttgart